Michael Feit / Patrik R. Peyer / Demian Stauber
Obligationenrecht Allgemeiner Teil

Michael Feit / Patrik R. Peyer / Demian Stauber

Übungsbuch Obligationenrecht Allgemeiner Teil

Repetitionsfragen, Übungsfälle und
bundesgerichtliche Leitentscheide

2., überarbeitete Auflage

orell füssli Verlag

2., überarbeitete Auflage 2013
© 2013 Orell Füssli Verlag AG, Zürich
www.ofv.ch
Alle Rechte vorbehalten

Dieses Werk ist urheberrechtlich geschützt. Dadurch begründete Rechte, insbesondere der Übersetzung, des Nachdrucks, des Vortrags, der Entnahme von Abbildungen und Tabellen, der Funksendung, der Mikroverfilmung oder der Vervielfältigung auf andern Wegen und der Speicherung in Datenverarbeitungsanlagen, bleiben, auch bei nur auszugsweiser Verwertung, vorbehalten. Vervielfältigungen des Werkes oder von Teilen des Werkes sind auch im Einzelfall nur in den Grenzen der gesetzlichen Bestimmungen des Urheberrechtsgesetzes in der jeweils geltenden Fassung zulässig. Sie sind grundsätzlich vergütungspflichtig. Zuwiderhandlungen werden straf- und zivilrechtlich verfolgt.

Umschlagabbildung: © iStockphoto.com

Druck: fgb • freiburger graphische betriebe, Freiburg

ISBN 978-3-280-07304-9

Bibliografische Information der Deutschen Nationalbibliothek: Die Deutsche Nationalbibliothek verzeichnet diese Publikation in der Deutschen Nationalbibliografie; detaillierte bibliografische Daten sind im Internet unter http://dnb.d-nb.de abrufbar.

Vorwort

Die Übungsbände Recht ergänzen die Reihe Repetitorien Recht; sie sind inhaltlich jeweils gleich gegliedert. Durch die Kombination beider Bände kann der Stoff bei Bedarf kapitelweise vertieft oder bei Unsicherheiten nochmals grundlegend erarbeitet werden. Die Übungsbände ergänzen die Repetitorien in zweierlei Hinsicht:

- Noch mehr Fragen und Übungsfälle, die auf die Fragestellungen der Repetitorien aufbauen und diese ergänzen. Die Repetitorien konzentrieren sich auf eine kurze inhaltliche Darstellung des Themas; die Übungsbände dienen der Festigung und Vertiefung des Gelernten.

- Weitere Bundesgerichtsentscheide, insbesondere Leitentscheide, die in der zusammengefassten Abhandlung des Repetitoriums weggelassen worden sind, deren Kenntnis aber trotzdem prüfungsrelevant sein kann.

Das Obligationenrecht Allgemeiner Teil gehört sowohl zu den Basis- wie auch zu den Königsdisziplinen der Juristerei. Fundierte Kenntnisse des allgemeinen Obligationenrechts sind unabdingbar für beinahe jede juristische Tätigkeit.

Das vorliegende Buch ist als «Turngerät» gedacht, mit dem anhand vieler kleiner Übungen der umfangreiche Stoff repetiert und verständlich gemacht werden soll. Die Fragen, die im Rahmen dieses Übungsbandes gestellt und beantwortet werden, wurden aufgrund der mehrjährigen Erfahrung der Autoren in Lehre und Praxis zusammengestellt. Sie verfolgen das Ziel einer zielgerichteten und effizienten Vorbereitung für die Prüfung. Aus diesem Grund wurde auf weiterreichende Ausführungen zu Lehrstreitigkeiten verzichtet. Dafür sei auf die gängigen und im Literaturverzeichnis aufgeführten Standardwerke verwiesen.

Der 1.– 6. und der 11. Teil wurden von Michael Feit abgefasst und überarbeitet, der 7.– 10. und der 12. Teil stammten in der ersten Auflage von Patrik R. Peyer und wurden durch Demian Stauber überarbeitet.

Zürich, im Januar 2013

Michael Feit, Patrik R. Peyer, Demian Stauber

Inhaltsverzeichnis

Vorwort	5
Inhaltsübersicht	7
Abkürzungsverzeichnis	10
Literaturverzeichnis	13
1. Teil Grundlagen	**15**
A. Repetitionsfragen	15
B. Übungsfälle	17
C. Bundesgerichtliche Leitentscheide	19
2. Teil Auslegung und Ergänzung bzw. Anpassung von Verträgen	**26**
A. Repetitionsfragen	26
B. Übungsfälle	27
C. Bundesgerichtliche Leitentscheide	28
3. Teil Inhalt des Vertrags	**31**
A. Repetitionsfragen	31
B. Übungsfälle	32
C. Bundesgerichtliche Leitentscheide	33
4. Teil Mängel des Vertragsschlusses	**38**
A. Repetitionsfragen	38
B. Übungsfälle	40
C. Bundesgerichtliche Leitentscheide	41
5. Teil Stellvertretung	**46**
A. Repetitionsfragen	46
B. Übungsfälle	47
C. Bundesgerichtliche Leitentscheide	49
6. Teil Widerrufsrecht bei Haustürgeschäften	**53**
A. Repetitionsfragen	53

7. Teil Ungerechtfertigte Bereicherung	54
A. Repetitionsfragen	54
B. Übungsfälle	55
C. Bundesgerichtliche Leitentscheide	56

8. Teil Die Erfüllung	62
A. Repetitionsfragen	62
B. Übungsfälle	64
C. Bundesgerichtliche Leitentscheide	65

9. Teil Die Erfüllungsstörungen	72
A. Repetitionsfragen	72
B. Übungsfälle	75
C. Bundesgerichtliche Leitentscheide	76

10. Teil Das Erlöschen der Obligationen	83
A. Repetitionsfragen	83
B. Übungsfälle	84
C. Bundesgerichtliche Leitentscheide	85

11. Teil Besondere Verhältnisse bei Obligationen	89
A. Repetitionsfragen	89
B. Übungsfälle	91
C. Bundesgerichtliche Leitentscheide	92

12. Teil Abtretung und Schuldübernahme	95
A. Repetitionsfragen	95
B. Übungsfälle	96
C. Bundesgerichtliche Leitentscheide	97

Lösungen	103
Lösungen zum 1. Teil: Grundlagen	103
Lösungen zum 2. Teil: Auslegung und Ergänzung bzw. Anpassung von Verträgen	115
Lösungen zum 3. Teil: Inhalt des Vertrags	118
Lösungen zum 4. Teil: Mängel des Vertragsschlusses	122
Lösungen zum 5. Teil: Stellvertretung	130

Lösungen zum 6. Teil: Widerrufsrecht bei Haustürgeschäften 136

Lösungen zum 7. Teil: Ungerechtfertigte Bereicherung 137

Lösungen zum 8. Teil: Die Erfüllung 141

Lösungen zum 9. Teil: Die Erfüllungsstörungen 148

Lösungen zum 10. Teil: Das Erlöschen der Obligationen 157

Lösungen zum 11. Teil: Besondere Verhältnisse bei Obligationen 162

Lösungen zum 12. Teil: Abtretung und Schuldübernahme 170

Abkürzungsverzeichnis

Abs.	Absatz
AG	Aktiengesellschaft
AGB	Allgemeine Geschäftsbedingungen
Art.	Artikel
Aufl.	Auflage
AT	Allgemeiner Teil
BankG	Bundesgesetz vom 8. November 1934 über die Banken und Sparkassen (SR 952.0)
BCI	Banque de crédit international Genève
BGE	Bundesgerichtsentscheid
BGer	Bundesgericht
BGG	Bundesgesetz vom 17. Juni 2005 über das Bundesgericht (SR 173.110)
bzw.	beziehungsweise
CHF	Schweizer Franken
ca.	circa
c.i.c.	culpa in contrahendo
d.h.	das heisst
E.	Erwägung
etc.	et cetera
f./ff.	folgende/fortfolgende
GmbH	Gesellschaft mit beschränkter Haftung
GestG	früheres Bundesgesetz über den Gerichtsstand in Zivilsachen vom 24. März 2000, in Kraft gewesen bis am 31. Dezember 2010 (heute ZPO)

h.L.	herrschende Lehre
Hrsg.	Herausgeber
i.S.v.	im Sinne von
i.V.m.	in Verbindung mit
KG	Bundesgesetz über Kartelle und andere Wettbewerbsbeschränkungen (Kartellgesetz) vom 6. Oktober 1995 (SR 251)
lit.	littera
m.a.W.	mit anderen Worten
OR	Bundesgesetz betreffend die Ergänzung des Schweizerischen Zivilgesetzbuches, Fünfter Teil: Obligationenrecht vom 30. März 1911 (SR 220)
OG	früheres Bundesgesetz vom 16. Dezember 1943 über die Organisation der Bundesrechtspflege, in Kraft gewesen bis am 31. Dezember 2006 (heute BGG)
PauRG	Bundesgesetz über Pauschalreisen vom 18. Juni 1993 (SR 944.3)
Pra	Die Praxis des Schweizerischen Bundesgerichts
PrHG	Bundesgesetz vom 18. Juni 1993 über die Produktehaftpflicht (SR 221.112.944)
rev.	revidiert
s.	siehe
S.	Seite
SchKG	Bundesgesetz vom 11. April 1889 über Schuldbetreibung und Konkurs (SR 281.1)
SIA	Schweizerischer Ingenieur- und Architektenverein
SFN	Seattle-First National Bank
sog.	sogenannt
SR	Systematische Sammlung des Bundesrechts
USD	United States Dollar

u.a.	unter anderem
u.U.	unter Umständen
UWG	Bundesgesetz gegen den unlauteren Wettbewerb vom 19. Dezember 1988 (SR 241)
v.a.	vor allem
vgl.	vergleiche
VVG	Bundesgesetz über den Versicherungsvertrag (Versicherungsvertragsgesetz) vom 2. April 1908 (SR 221.229.1)
z.B.	zum Beispiel
ZGB	Schweizerisches Zivilgesetzbuch vom 10. Dezember 1907 (SR 210)
Ziff.	Ziffer
ZPO	Schweizerische Zivilprozessordnung vom 19. Dezember 2008 (SR 272)

Literaturverzeichnis

Für das Übungsbuch Obligationenrecht Allgemeiner Teil wurden hauptsächlich die nachfolgend aufgeführten Werke herangezogen:

Berner Kommentar zum schweizerischen Privatrecht, Bern ab 1910

BUCHER EUGEN, Schweizerisches Obligationenrecht, Allgemeiner Teil ohne Deliktsrecht, 2. Aufl. Zürich 1988

GAUCH PETER, Der Werkvertrag, 5. Aufl. Zürich 2011

GAUCH PETER/SCHLUEP WALTER R./SCHMID JÖRG/EMMENEGGER SUSAN, Schweizerisches Obligationenrecht Allgemeiner Teil, 9. Aufl. Zürich 2008

GUHL THEO/KOLLER ALFRED/SCHNYDER ANTON K./DRUEY JEAN NICOLAS, Das Schweizerische Obligationenrecht, 9. Aufl. Zürich 2000

HONSELL HEINRICH, Schweizerisches Obligationenrecht, Besonderer Teil, 9. Aufl. Bern 2010

HONSELL HEINRICH/VOGT NEDIM PETER/WIEGAND WOLFGANG (Hrsg.), Kommentar zum Schweizerischen Privatrecht, Obligationenrecht I, Art. 1–529, 5. Aufl. Basel 2011

HUGUENIN CLAIRE, Obligationenrecht, Allgemeiner und Besonderer Teil, Zürich 2012

KOLLER ALFRED, Schweizerisches Obligationenrecht, Allgemeiner Teil: Handbuch des allgemeinen Schuldrechts ohne Deliktsrecht, 3. Aufl. Bern 2009

SCHULIN HERMANN/VOGT NEDIM PETER, Tafeln zum Schweizerischen Obligationenrecht I, Allgemeiner Teil ohne Deliktsrecht, 5. Aufl. Zürich 2012

SCHWENZER INGEBORG, Schweizerisches Obligationenrecht, Allgemeiner Teil, 6. Aufl. Bern 2012

Zürcher Kommentar zum Schweizerischen Zivilgesetzbuch, Zürich ab 1909

1. Teil   Grundlagen

A. Repetitionsfragen

Grundbegriffe

1. Was bedeutet der Begriff «Obligation»?
2. Ist das obligatorische Recht ein subjektives oder ein objektives Recht? Ist es ein relatives oder ein absolutes Recht? Was bedeuten diese Begriffe?
3. In welchem Verhältnis stehen die Begriffspaare subjektives/objektives Recht auf der einen Seite und relatives/absolutes Recht auf der anderen Seite zueinander?
4. Was besagt das Prinzip der «Relativität der Obligation»?
5. Obligationen können sowohl aus Rechtsgeschäft als auch aus Gesetz entstehen. Rechtsgeschäfte werden mit Blick auf die Anzahl der abgegebenen Willenserklärungen in zwei Arten unterteilt. Wie heissen diese beiden Arten? Nennen Sie für beide Arten ein Beispiel.
6. Bei den Rechtsgeschäften wird zwischen dem Verpflichtungs- und dem Verfügungsgeschäft unterschieden. Was bedeuten diese beiden Begriffe?
7. Das Rechtsgeschäft ist von der Gefälligkeit zu unterscheiden. Was ist eine «Gefälligkeit» und wie ist sie vom Rechtsgeschäft abzugrenzen?
8. Nennen Sie drei Arten einer Obligation aus Gesetz.
9. Was ist eine «Willenserklärung»?
10. Was ist gemeint, wenn eine Willenserklärung als «empfangsbedürftig» bezeichnet wird?
11. Wann gilt eine Willenserklärung als zugegangen?
12. Wann gilt ein nicht eingeschriebener Brief als zugegangen? Wann gilt ein eingeschriebener Brief als zugegangen?
13. Sind Willenserklärungen stets empfangsbedürftig?
14. Wann müssen Willenserklärungen ausgelegt werden?
15. Wie sind Willenserklärungen gemäss Vertrauensprinzip auszulegen?

16. Was gilt, wenn der wirkliche Wille des Erklärenden von der abgegebenen Erklärung abweicht (der Erklärende meint «A», sagt aber «B»), der Empfänger die Erklärung jedoch anders versteht, als er sie nach dem Vertrauensprinzip hätte verstehen dürfen (Empfänger versteht «C»)?

Der Vertrag im Besonderen

17. Was ist ein Nominatvertrag? Was ist ein Innominatvertrag?
18. Was ist der Unterschied zwischen einem einseitigen und einem zweiseitigen Schuldvertrag?
19. Was versteht man unter einem «synallagmatischen» Vertrag? Was bildet das Gegenstück dazu? Wann spielt die Unterscheidung zwischen diesen beiden Vertragsarten eine wichtige Rolle?
20. Wie kommt ein Vertrag zustande?
21. Idealtypischerweise können die ausgetauschten Willenserklärungen in einen Antrag und eine Annahme unterteilt werden. Wie lange bleibt der Antragsteller bei einem Antrag unter Abwesenden an seinen unbefristeten Antrag gebunden?
22. Wie ist eine «Annahme» zu beurteilen, die in einem wesentlichen Punkt vom Antrag abweicht (z.B. die Annahme zu einem anderen Kaufpreis)?
23. Kann Schweigen eine Annahme darstellen?
24. Wann liegt ein «tatsächlicher» (oder «natürlicher») Konsens, wann ein «normativer» (oder «rechtlicher») Konsens vor?
25. Spielt es aus materiell-rechtlicher Sicht eine Rolle, ob ein Vertrag gestützt auf einen tatsächlichen oder einen normativen Konsens zustande kommt?
26. Wann liegt ein «offener», wann ein «versteckter» Dissens vor?
27. Welche Arten von Formvorschriften kennt das Gesetz?
28. Welche Vertragsbestandteile sind gemäss BGer vom Formzwang umfasst, wenn es an einer gesetzlichen Vorschrift fehlt?
29. Was ist ein «kaufmännisches Bestätigungsschreiben»? Was versteht man unter der «konstitutiven Wirkung des Bestätigungsschreibens»?
30. Wann kann einem Bestätigungsschreiben konstitutive Wirkung zukommen?
31. A verhandelt mit B bereits seit längerer Zeit über den Abschluss eines Vertrags. Die Vertragsverhandlungen sind für A recht kostspielig (Flugkosten, Hotelunterkunft etc.). Schliesslich erfährt A, dass B nie die Absicht hatte,

den Vertrag abzuschliessen. Woraus könnte A ein Schadenersatzanspruch zustehen? Falls ein Anspruch besteht, welcher Schaden müsste B dem A grundsätzlich ersetzen?

32. Bei Beantwortung der Frage, ob und inwieweit in einem Vertragsverhältnis die Allgemeinen Geschäftsbedingungen (AGB) einer Partei Anwendung finden, ist von «Globalübernahme», «Ungewöhnlichkeitsregel», «Unklarheitenregel» und «offener Inhaltskontrolle» die Rede. Was bedeuten diese Begriffe?

33. Was versteht man unter dem Begriff «Simulation»? Ist das simulierte Rechtsgeschäft wirksam? Ist das dissimulierte Rechtsgeschäft grundsätzlich wirksam? Was bildet einen wichtigen Anwendungsfall der Simulation?

B. Übungsfälle

Übungsfall 1: Tatsächlicher und normative Konsens

Liegt in den folgenden Fällen Konsens vor? Falls Konsens besteht, handelt es sich um einen tatsächlichen oder normativen Konsens?

a) Die einzige Sprache, in der sich A und B verständigen können, ist Englisch. Beide sprechen diese Sprache jedoch nur gebrochen und reden meist aneinander vorbei. So auch jetzt: A verkauft B sein «bike». A meint, sein Fahrrad verkauft zu haben, B hingegen denkt, ein Motorrad erworben zu haben.

b) A kommt im Ausgang mit B überein, ihm seine Neil-Young-Platten zu verkaufen. Aus Versehen sprechen jedoch beide statt von Neil Young von Paul Young.

c) A fragt B, ob dieser seinen Roy-Lichtenstein-Kunstdruck «Hey you» kaufen möchte zu einem Preis von CHF 50.–. B erklärt sich einverstanden, denkt dabei aber an den Kunstdruck von Keith Haring, der ebenfalls bei A hängt.

d) A möchte B seine DVD-Sammlung für CHF 350.– verkaufen. B antwortet, er kaufe sie für CHF 250.–.

Übungsfall 2: Antrag und Annahme

a) A erblickt in einem Schaufenster eines Modegeschäfts Röcke, auf die ein Preisschild mit der Aufschrift «CHF 50.–» verweist. A betritt das Geschäft und legt einen der ausgestellten Röcke an der Kasse vor. Daraufhin erklärt ihr der Verkäufer, dass es sich hierbei um einen Fehler handle und die Röcke CHF 80.– kosten würden. Kann A auf dem Preis von CHF 50.– bestehen?

Variante: Wie ist der Anspruch von A zu beurteilen, wenn nur ein Rock ausgestellt ist und A den gleichen Rock von der Stange an der Kasse vorlegt?

b) A wirft am Bahnhof Geld in einen Automaten ein und erhält dafür das gewünschte Snickers. Wie ist der Münzeinwurf rechtlich zu qualifizieren?

Übungsfall 3: Vertraglich vorbehaltene Form

A und B verhandeln einen Werkvertrag. Die Verhandlungsergebnisse halten die Parteien fortlaufend in einem schriftlichen Vertragsentwurf fest, der am Ende eine Unterschriftenzeile für beide Parteien enthält. Am Ende der Verhandlungen einigen sich die Parteien mündlich über den Vertragsinhalt. Am folgenden Tag sendet A dem B zwei von A unterzeichnete Versionen des Vertrags und bittet den B, eine Version des Vertrags unterschrieben zurückzusenden. B hat es sich aber zwischenzeitlich anders überlegt und will den Vertrag nicht unterschreiben. A fordert die Erfüllung des Vertrags und argumentiert, die Parteien hätten den Vertrag bereits mündlich abgeschlossen. Hat A einen Anspruch auf Erfüllung des Vertrags?

Variante: Nachdem sich die Parteien mündlich über den Vertragsinhalt geeinigt haben, beginnen die Parteien, den Vertrag vorbehaltlos zu erfüllen. Als A jedoch dem B die von A unterzeichneten Versionen des Vertrags zusendet, weigert sich B, diese zu unterschreiben. B argumentiert, er habe es sich anders überlegt und sei vor der Unterzeichnung des Vertrags nicht gebunden. Hat A einen Anspruch auf vollständige Erfüllung des Vertrags?

Übungsfall 4: Vertrauenshaftung

Markus trifft sich in der Bank Z mit Vertretern einer Anlagegesellschaft und einem Direktor der Bank. Die Vertreter legen Markus einen Kapitalanlagevertrag und einen Treuhandvertrag vor. Danach soll Markus einen Anlagebetrag auf ein Konto der Bank Z einzahlen, das auf den Namen eines Treuhänders lautet und von diesem gewinnbringend verwaltet werden soll. Auf die Frage von Markus, wie sicher die Anlage sei, erklären die Vertreter, ein Abzug des Geldes erfolge nur im Austausch gegen erstklassige Papiere, was von der Bank überprüft werde. Das Kapital werde erst freigegeben, wenn die Papiere 100% abgesichert seien. Obwohl eine solche Aufsichtsfunktion der Bank weder vereinbart noch möglich ist, nickt der Direktor während dieser Ausführungen. Daraufhin unterschreibt Markus die Verträge und überweist wie vereinbart CHF 5'000'000.– auf das Konto. Wenig später sind die Vertreter, der Treuhänder und das Geld verschwunden. Es stellt sich heraus, dass die Geschäfte der Anlagegesellschaft betrügerisch waren.

Kann Markus Schadenersatz von der Bank Z aus Vertrauenshaftung fordern?

(Sachverhalt und Lösung angelehnt am Entscheid des BGer vom 26. September 2001, 4C.193/2000.)

C. Bundesgerichtliche Leitentscheide

Formmangel bei Grundstückkauf

Rechtsmissbräuchliche Berufung auf den Formmangel.

BGE 112 II 330

Notar X beurkundete Ende 1981 einen Vertrag über Bauland, das die Genossenschaft M (Beklagte) an Frau N (Klägerin) verkaufte. Für die Genossenschaft handelte ihr Vorstand, der laut Vertrag durch A vertreten war. Die «Feinerschliessung» des Baulands sollte gemäss Vertrag bis spätestens im Herbst 1982 erfolgen. Da sie auch nach zwei Jahren noch nicht ausgeführt war, erklärte Frau N 1984 den Rücktritt vom Vertrag, dem sich die Genossenschaft widersetzte. Daraufhin klagte Frau N beim Bezirksgericht gegen die Genossenschaft M auf Feststellung, dass der Kaufvertrag dahingefallen sei, und verlangte gegen Rückübertragung des Eigentums die Rückerstattung des Kaufpreises nebst Zins.

Das Bezirksgericht hiess die Klage mit der Begründung gut, dass die Klägerin wegen Verzugs der Beklagten vom Vertrag zurücktreten durfte. Die Beklagte appellierte an das Kantonsgericht, das die Klage ebenfalls schützte, aber fand, dass der Kaufvertrag wegen Verstosses gegen Vorschriften über die öffentliche Beurkundung nichtig sei. Das Bundesgericht hiess die von der Beklagten eingereichte Berufung dahin gut, dass es das angefochtene Urteil aufhob und die Sache zur Prüfung der Frage, wie es sich mit dem Rücktritt der Klägerin nach OR 107 f. verhielt, an das Kantonsgericht zurückwies (die eidgenössische Berufung war ein im OG vorgesehenes Rechtsmittel an das BGer und wurde per 1. Januar 2007 durch die Beschwerde des BGG ersetzt).

Das Bundesgericht stellte vorab fest, dass der Vorstand der Beklagten sich anlässlich der Beurkundung nicht, wie in der Urkunde angegeben, durch A, sondern durch B vertreten liess. Die Form des streitigen Vertrags verletzte damit Bundesrecht. Die Urkundsperson hat gemäss Bundesgericht alle für das Rechtsgeschäft wesentlichen Tatsachen und Willenserklärungen der Parteien im Vertrag festzuhalten. Zu diesen Tatsachen gehört auch die genaue Bezeichnung der Parteien sowie die Angabe des Vertretungsverhältnisses. Als Nächstes wandte sich das Bundesgericht der Frage zu, wann die Berufung auf einen Formmangel als rechtsmissbräuchlich erscheint. Dazu hielt das Bundesgericht fest, dass wer einen formnichtigen Vertrag freiwillig erfüllt, ohne dabei den Mangel zu kennen, sich nicht widersprüchlich verhält, wenn er sich nachträglich wegen des Mangels auf Nichtigkeit beruft. Auf den vorliegenden Fall bezogen stellte das Bundesgericht fest, dass die Klägerin die Beurkundungsmängel weder beim Abschluss noch bei der Erfüllung des Vertrags gekannt hatte. Es stand aber auch fest, dass die Klägerin den Rücktritt vom Vertrag erklärte, weil das Grundstück nicht erschlossen worden war. Erst im kantonalen Rechtsmittelverfahren berief sie sich auch auf Nichtigkeit des Kaufs wegen fehlerhafter Beurkundung. Die Vorinstanz hatte eine missbräuchliche Rechtsausübung gleichwohl verneint, weil die Beurkundung nicht nur gegen Übereilung schützt und eine fachmännische Beratung garantiert, sondern auch Klarheit über das Rechtsgeschäft schafft und damit der Beweissicherung und der Rechtssicherheit dient. Das Bundesgericht hielt dieser Auffassung jedoch entgegen, dass der Schutz vor Übereilung und Beweissicherung kaum mehr ins Gewicht fällt, wenn wie hier eine öffentliche Beurkundung tatsächlich stattgefunden hat. Dieser Umstand musste nach Auffassung des Bundesgerichts bei der Beurteilung der Rechtsmissbräuchlichkeit beachtet werden. Weiter hielt das Bundesgericht fest, dass die Klägerin über zwei Jahre unangefochten Eigentümerin war und den Vertrag erst dann rückgängig zu machen versuchte, als sie bei der Erschliessung des Baulands auf immer mehr Schwierigkeiten stiess. Gemäss Bundesgericht war dem angefochtenen Urteil nicht zu entnehmen, dass sie bei sofortiger Aufdeckung des Mangels von der Erfüllung abgesehen hätte. Damit konnte gemäss Bundesgericht nicht von einer irrtümlichen Vertragserfüllung gesprochen werden. Die Berufung auf den Formmangel erwies sich daher als missbräuchlich. Nach Auffassung des Bundesgerichts gelangte man zum gleichen Ergebnis, wenn man die Art des Formmangels berücksichtigte. Dieser betraf ausschliesslich die Identität des Vertreters. Da vorliegend das Vertretungsverhältnis nicht vom Streit betroffen war, stand es der Klägerin aus Sicht des Bundesgerichts nicht an, sich auf die falsche Beurkundung des Vertretungsverhältnisses zu berufen, um eine Parzelle loszuwerden, an der sie mangels gelungener Erschliessung nicht mehr interessiert war.

Haftung aus Konzernvertrauen

Haftung einer Muttergesellschaft gegenüber einem Geschäftspartner ihrer Tochtergesellschaft aus enttäuschtem Vertrauen in das Konzernverhalten (Begründung der Rechtsprechung zur Vertrauenshaftung).

BGE 120 II 331 («Swissair-Entscheid»)

1987 gründete die Swissair Beteiligungen AG (Swissair; Beklagte) die IGR Holding AG (IGR). Die IGR wollte ihren Vertragspartnern luxuriöse Unterkünfte zur Verfügung halten. Sie bot gegen eine «Mietvorauszahlung» von bis zu CHF 90'000.– eine «Mitgliedschaft» an. 1988 trat die Wibru Holding AG (Klägerin) der IGR bei und leistete eine Mietvorauszahlung von CHF 90'000.–. Im April 1989 gab die IGR in einem Schreiben Pläne bekannt, wonach die IGR ab Mai 1989 als Tochtergesellschaft der Euroactividade AG weitergeführt werde, an der die Swissair eine Minderheitsbeteiligung erwerben sollte; in diesem Zusammenhang kündigte sie auch Änderungen an ihrem Konzept an. Im März 1990 gestand die IGR in einem Brief, sie sei leider nicht in der Lage, das neue Konzept vorzulegen; sie werde deshalb die bestehenden Mitgliedschaften aufkündigen und die geleisteten Mitgliederbeiträge zurückerstatten. Die Wibru Holding AG wartete jedoch vergeblich auf die Rückzahlung und wandte sich an die Swissair. Diese hielt in ihrem Antwortschreiben fest, die IGR sei seit Mai 1989 eine hundertprozentige Tochter der Euroactividade AG; im Übrigen sei über die IGR inzwischen der Konkurs eröffnet worden.

1991 klagte die Wibru Holding AG beim Handelsgericht des Kantons Zürich gegen die Swissair Beteiligungen AG auf Bezahlung von CHF 97'808.–. Das Handelsgericht wies die Klage ab. Das Bundesgericht hiess die von der Klägerin eingelegte Berufung teilweise gut und wies die Streitsache zu neuer Entscheidung an das Handelsgericht zurück.

Das Bundesgericht prüfte zunächst, ob zwischen der Klägerin und der Beklagten ein Garantievertrag vorlag. Es hielt dabei fest, dass ein Garantievertrag zwischen der Muttergesellschaft und einem Geschäftspartner der Tochtergesellschaft nur ausnahmsweise angenommen werden kann, wenn – wie im vorliegenden Fall – kein Austausch übereinstimmender Willenserklärungen stattgefunden hat, sondern als vertragsbezogene Willensäusserungen lediglich Werbeaussagen der Muttergesellschaft und deren stillschweigende «Annahme» durch den Geschäftspartner der Tochtergesellschaft anlässlich des Vertragsschlusses mit dieser in Betracht kommen. Das Bundesgericht zitierte daraufhin aus dem Briefpapier der IGR sowie aus Werbebroschüren. Diese Passagen belegten, wie stark die Verbindung zur Beklagten herausgestrichen wurde. Nach Auffassung des Bundesgerichts konnte aus diesen Erklärungen jedoch nicht hergeleitet werden, dass die Beklagte eine Mithaftung für die Verpflichtungen der IGR gegenüber ihren Geschäftspartnern im Sinne einer Garantie nach OR 111 übernommen habe.

Nach Ablehnung einer vertraglichen Haftung wandte sich das Bundesgericht der Haftung aus OR 41 zu. Es hielt dabei fest, dass eine Haftung aus unerlaubter Handlung abzulehnen war, da der Beklagten kein widerrechtliches Verhalten vorgeworfen werden konnte.

Das Bundesgericht führte daraufhin aus, dass erwecktes Vertrauen in das Konzernverhalten der Muttergesellschaft u.U. auch bei Fehlen einer vertraglichen oder deliktischen Haftungsgrundlage haftungsbegründend sein kann. Das ergibt sich aus einer Verallgemeinerung der Grundsätze über die Haftung aus culpa in contrahendo, wonach in wertungsmässig vergleichbaren Fällen der haftpflichtrechtliche Schutz nicht versagt bleiben darf. Gemäss Bundesgericht kann im Konzernverhältnis das in die Vertrauens- und Kreditwürdigkeit des Konzerns erweckte Vertrauen ebenso schutzwürdig sein wie dasjenige, das sich die Partner von Vertragsverhandlungen hinsichtlich der Richtigkeit, der Ernsthaftigkeit und der Vollständigkeit ihrer gegenseitigen Erklärungen entgegenbringen. Wenn Erklärungen der Konzern-Muttergesellschaft bei Geschäftspartnern der Tochtergesellschaft ein solches Vertrauen hervorrufen, so entsteht deshalb eine dem Vertragsverhandlungsverhältnis vergleichbare rechtliche Sonderverbindung, aus der sich auf Treu und Glauben beruhende Schutz- und Aufklärungspflichten ergeben. Die Verletzung solcher Pflichten kann Schadenersatzansprüche auslösen. Eine Haftung entsteht gemäss Bundesgericht jedoch nur, wenn die Muttergesellschaft durch ihr Verhalten bestimmte Erwartungen in ihr Konzernverhalten und ihre Konzernverantwortung erweckt, diese aber später in treuwidriger Weise enttäuscht. In diesem Fall hat die Muttergesellschaft für den Schaden einzustehen, den sie durch ihr gegen Treu und Glauben verstossendes Verhalten adäquat kausal verursacht hat. Ob und in welcher Hinsicht der Muttergesellschaft die Erweckung berechtigter Erwartungen entgegengehalten und deren Enttäuschung vorgeworfen werden kann, beurteilt sich nach Auffassung des Bundesgerichts nach den gesamten Umständen des Einzelfalls.

Nach Auffassung des Bundesgerichts gaben die Werbeunterlagen der IGR, deren Inhalt sich die Beklagte als eigene Erklärungen anrechnen lassen musste, in zwei Richtungen Anlass zu berechtigten Erwartungen. Die Klägerin durfte einerseits davon ausgehen, dass die Beklagte die IGR mindestens in der Aufbauphase mit ausreichenden Mitteln dotieren werde. Anderseits durfte die Klägerin aufgrund der Werbeunterlagen auch allgemein darauf vertrauen, dass die werbemässig herausgestrichene Einbindung der IGR in den Swissair-Konzern ein zuverlässiges und korrektes Geschäftsgebaren verbürge und dass die Beklagte als Muttergesellschaft für diese Zuverlässigkeit und Vertrauenswürdigkeit einstehe. Die Klägerin durfte deshalb insbesondere annehmen, die Beklagte werde dafür sorgen, dass auf Mitteilungen der IGR Verlass sei.

Daraufhin prüfte das Bundesgericht, ob die Beklagte diese Erwartungen treuwidrig enttäuscht hatte. Da die Klägerin nicht dargelegt hatte, dass die IGR wirtschaftlich nicht hinreichend abgesichert war, folgerte das Bundesgericht, dass das Unternehmen nicht wegen der Unterdotierung durch die Beklagte gescheitert war. Im Folgenden wandte sich das Bundesgericht deshalb der Frage zu, ob die Beklagte vor der Veräusserung der IGR an die Euroactividade AG für eine korrekte Information der Mitglieder hätte sorgen müssen. Das Bundesgericht erwähnte dabei zwei Schreiben der IGR, in denen der Misserfolg der Mitgliederwerbung verschwiegen wurde und die Mitglieder nicht objektiv informiert worden waren. Wie das Bundesgericht feststellte, war die IGR zu diesem Zeitpunkt noch Tochtergesellschaft der Beklagten. Da die Beklagte nicht bestritten hatte, von diesen Mitteilungen Kenntnis gehabt zu haben, musste sie sich gemäss Bundesgericht zumindest das Wissen darüber anrechnen lassen, was in diesen Schreiben verschwiegen worden war. Aus Sicht des Bundesgerichts wäre die Beklagte deshalb verpflichtet gewesen, für eine korrekte Information durch die IGR zu sorgen oder selbst zu informieren. Indem sie dieser Aufklärungspflicht nicht nachgekommen war, hatte sie treuwidrig die Erwartungen enttäuscht, welche die Klägerin aufgrund der Umstände in ihr Konzernverhalten setzen durfte. Hätte die Klägerin die wahre Sachlage gekannt, so hätte sie – wie gestützt auf die allgemeine Lebenserfahrung angenommen werden musste – von der Weiterführung des Vertrages mit der IGR abgesehen und die Rückzahlung ihrer Einlage verlangt. Das Fehlverhalten der Beklagten war deshalb für den Schaden kausal, den die Klägerin dadurch erlitten hat, dass sie weiterhin Vertragspartnerin der IGR geblieben und in deren Konkurs zu Verlust gekommen war.

Ungewöhnlichkeitsregel

Prüfung der vertraglich einbezogenen SIA-Norm 118 auf ihre Ungewöhnlichkeit hin.

BGE 109 II 452 («Hühnerstall-Entscheid»)

Die Adolf Forster AG (Beklagte) schloss mit Krattiger (Kläger) zwei Werkverträge über den Bau eines Hühnerstalls im Wert von CHF 181'200.– ab. Unterzeichnet wurden die Verträge von Helfenstein, dem Geschäftsführer der Adolf Forster AG, sowie von Krattiger und Architekt Engler, den die Bauherrin mit der Bauleitung beauftragt hatte. Beide Werkverträge enthielten insbesondere folgende Bestimmung:

«[...] Allgemeine Bedingungen für Bauarbeiten des SIA, Norm 118, die in allen Teilen als bekannt vorausgesetzt werden und denen sich beide Parteien, Bauherr und Unternehmer, ausdrücklich unterwerfen.»

Nach Ausführung der Arbeiten liess Krattiger dem Architekten Engler zuhanden der Adolf Forster AG eine Rechnung auf insgesamt CHF 288'420.45 zukommen. Engler visierte die Rechnung und gab sie zur Zahlung an die Adolf Forster AG weiter. Die Adolf Forster AG, die bereits Akontozahlungen von insgesamt CHF 150'000.– erbracht hatte, leistete den verbleibenden Betrag von CHF 138'420.45 nicht und teilte unter anderem mit, sie werde vorläufig nicht bezahlen, weil die Rechnung in vielen Punkten nicht mit den Werkverträgen übereinstimmte. Daraufhin erhob Krattiger Klage gegen die Adolf Forster AG. Das Bezirksgericht hiess die Klage gut. Die Beklagte appellierte an das Obergericht, welches das erstinstanzliche Urteil bestätigte. Das Bundesgericht hiess die von der Beklagten eingelegte Berufung teilweise gut, hob das Urteil des Obergerichts auf und wies die Sache zu neuer Entscheidung an die Vorinstanz zurück.

Das Bundesgericht hielt zunächst fest, dass die Beklagte die grundsätzliche Geltung der SIA-Norm nicht bestritt. Sie war jedoch der Auffassung, unter den gegebenen Umständen verstiess die Anwendung von Art. 154 und 155 der SIA-Norm 118 gegen Bundesrecht. Denn die Befugnis, die der Bauleitung in diesen Bestimmungen zur Vertretung des Bauherrn verliehen wurde, lief auf eine rechtswidrige Generalbevollmächtigung in finanzieller Hinsicht hinaus. Das Bundesgericht erläuterte daraufhin den massgebenden Inhalt der beanstandeten Artikel: Danach ist die vom Unternehmer der Bauleitung eingereichte Schlussabrechnung von diesem zu prüfen; ergäben sich keine Differenzen, so gilt die Schlussabrechnung mit dem Prüfungsbescheid der Bauleitung als beidseitig anerkannt und wird fällig. Das Bundesgericht wandte sich danach der Ungewöhnlichkeitsregel zu. Gemäss Bundesgericht kann sich in der Regel nur eine schwache oder unerfahrene Partei auf diese Regel berufen. Als schwächere Partei muss auch diejenige gelten, die unabhängig von ihrer wirtschaftlichen Leistungsfähigkeit gezwungen ist, allgemeine Geschäftsbedingungen als Vertragsbestandteil zu akzeptieren, weil sie andernfalls kaum einen Vertragspartner findet. Nach Auffassung des Bundesgerichts war das im vorliegenden Fall denkbar, da es in der Baubranche üblich ist, bei Abschluss von Werkverträgen die SIA-Norm 118 als anwendbar zu erklären. Da die Beklagte jedoch nicht behauptete, sich in einer solchen Lage befunden zu haben, war für das Bundesgericht lediglich entscheidend, ob die Beklagte als unerfahrene Partei gelten konnte. Diese Frage prüfte das Bundesgericht im Zusammenhang mit der Frage, ob die angefochtenen Artikel der SIA-Norm 118 für die Beklagte ungewöhnlich waren. Dazu hielt das Bundesgericht fest, dass die Ungewöhnlichkeit grundsätzlich individuell zu beurteilen ist; für einen Branchenfremden könnten deshalb auch branchenübliche Klauseln ungewöhnlich sein. Auf die individuellen Vorstellungen des Zustimmenden darf jedoch nach Auffassung des Bundesgerichts nur soweit abgestellt werden, als sie der Gegenpartei erkennbar sind, weshalb die Ungewöhnlichkeitsregel nur dann anzuwenden ist, wenn neben der subjektiven Voraussetzung die betreffenden Klauseln objektiv beurteilt einen geschäftsfremden Inhalt aufweisen. Dabei sind unter geschäftsfremden Bestimmungen solche zu verstehen, die zu einer wesentlichen Änderung des Vertragscharakters führen oder in erheblichem Masse aus dem gesetzlichen Rahmen des Vertragstypus fallen. Das Bundesgericht befand, dass die beanstandeten Vorschriften ungewöhnlich waren, da eine der Bauleitung verliehene umfassende Vollmacht in Bezug auf finanzielle Verpflichtungen verglichen mit dem gesetzlichen Vertragstypus des Werkvertrags als geschäftsfremd erscheint. Damit blieb zu entscheiden, ob auch die subjektiven Voraussetzungen für die Anwendung der Ungewöhnlichkeitsregel gegeben waren. Für das Bundesgericht stand weder fest, dass die Beklagte in Bausachen erfahren war, noch war bekannt, ob die Beklagte als einmalige Bauherrin betrachtet werden musste und deshalb die Usanzen des Baugewerbes nicht kannte. Unter diesen Umständen konnte das Bundesgericht nicht abschliessend beurteilen, ob die Beklagte sich nicht auf die Ungewöhnlichkeitsregel berufen durfte, weil in den Werkverträgen ausdrücklich festgehalten war, dass die Bestimmungen der SIA-Norm 118 den Parteien bekannt seien.

2. Teil   Auslegung und Ergänzung bzw. Anpassung von Verträgen

A. Repetitionsfragen

Übersicht

1. Wann muss ein Vertrag ausgelegt, wann ergänzt und wann an veränderte Umstände angepasst werden?

Vertragsauslegung und Vertragsergänzung

2. Wie ist ein Vertrag anhand der «subjektiven Auslegung», wie anhand der «objektiven Auslegung» zu interpretieren? Wie stehen die beiden Auslegungsarten zueinander?
3. Nennen Sie drei Auslegungsmittel.
4. Nennen Sie drei von Rechtsprechung und Lehre entwickelte Auslegungsregeln.
5. Ist es möglich, einen Vertrag in einem objektiv wesentlichen Punkt zu ergänzen?
6. Welche Möglichkeiten hat das Gericht, um einen Vertrag zu ergänzen?

Vertragsanpassung bei «veränderten Verhältnissen»

7. Verändern sich die Verhältnisse seit Vertragsabschluss, kann es zu Äquivalenzstörungen (Änderung des Wertverhältnisses zwischen Leistung und Gegenleistung) kommen. Nach welchem Prinzip ist der Vertrag trotz der Verhältnisänderung grundsätzlich so zu erfüllen, wie er vereinbart worden ist?
8. Wann erst stellt sich die Frage, ob es aufgrund veränderter Verhältnisse einer richterlichen Vertragsanpassung bedarf?

B. Übungsfälle

Übungsfall 1: Bezeichnung des Vertrags durch die Parteien

Anna übergibt Petra als Sicherheit für ein Darlehen Inhaberaktien im Wert von CHF 5'000'000.–. Im Vertrag verpflichtet sich Petra, dafür CHF 1.– zu bezahlen. Zahlt Anna ihre Schuld zurück, ist Petra gemäss vertraglicher Abrede verpflichtet, die Aktien für denselben Preis an Anna zurückzuverkaufen. Der Vertrag enthält zudem Bestimmungen, in denen die Verfügungsberechtigung von Petra an den Aktien während der Laufzeit des Darlehens stark eingeschränkt wird.

Anna und Petra bezeichnen die vertragliche Vereinbarung als Kaufvertrag. Verschiedentlich ist im Vertrag auch von «kaufen», «verkaufen» und «Kaufpreis» die Rede. Ist das Gericht an diese Vertragsqualifkation gebunden?

Übungsfall 2: Clausula rebus sic stantibus

a) A glaubt, die Voraussetzungen zu erfüllen, um eine Prüfung ablegen zu können. Um sich möglichst gut auf die Prüfung vorbereiten zu können, schliesst A mit B einen Vertrag ab, wonach B dem A für die fixe Dauer von einem Jahr Unterricht erteilen soll. Nach Vertragsschluss erfährt A, dass er die Voraussetzungen nicht erfüllt und somit nicht zur Prüfung zugelassen ist. A will den Vertrag mit B mit sofortiger Wirkung auflösen und beruft sich dabei auf die clausula rebus sic stantibus. Weshalb bildet die clausula rebus sic stantibus keine erfolgsversprechende Anspruchsgrundlage?

b) Als A und B ihren langfristigen Vertrag abgeschlossen haben, rechneten sie nicht mit einer Verhältnisänderung. Dementsprechend enthält der Vertrag auch keine Bestimmung, was im Falle der Verhältnisänderung gelten soll. Die Verhältnisänderung war aber objektiv voraussehbar für die Parteien. Kann sich A auf die clausula rebus sic stantibus berufen?

c) A und B schliessen einen Vertrag. Als eine Verhältnisänderung eintritt, die zum Nachteil des A eine gravierende Äquivalenzstörung zur Folge hat, schlägt B vor, den Vertrag so anzupassen, dass sich der Nachteil für A auf ein zumutbares Mass reduziert. A stimmt dieser Vertragsänderung nicht zu und fordert die für ihn vorteilhaftere sofortige Auflösung des Vertrags unter Berufung auf die clausula rebus sic stantibus. Kann sich A auf die clausula rebus sic stantibus berufen?

d) Sämtliche Voraussetzungen der clausula rebus sic stantibus sind erfüllt. A verlangt nun, dass der Vertrag rückwirkend (ex tunc) aufgelöst wird. Kann er das?

C. Bundesgerichtliche Leitentscheide

Vertragsanpassung nach den Grundsätzen der clausula rebus sic stantibus

Anpassung eines auf hundert Jahre befristeten Baurechtsvertrags nach einer Umzonung gemäss den Grundsätzen der clausula rebus sic stantibus.

BGE 127 III 300

A (Kläger) und der Migros-Genossenschafts-Bund (Beklagter) schlossen 1971 einen Baurechtsvertrag ab. Darin räumte der Kläger dem Beklagten ein auf hundert Jahre befristetes selbstständiges und dauerndes Baurecht ein. 1985 wurde die Teilbauordnung aufgehoben und die im vorliegenden Verfahren strittigen Grundstücke der Reservezone zugewiesen. Dagegen erhobene Rekurse wurden 1992 letztinstanzlich abgewiesen. 1993 erklärte der Beklagte gegenüber dem Kläger, der Baurechtsvertrag habe mit der rechtskräftigen Zuweisung der Baurechtsgrundstücke in die Reservezone seine Grundlage verloren. Daraufhin verlangte der Kläger vom Beklagten klageweise die Bezahlung von ausstehenden Baurechtszinsen in der Höhe von CHF 726'070.–. Das Handelsgericht des Kantons Zürich hiess die Klage im Umfang von CHF 181'517.50.– nebst Zins gut. Der Kläger führte gegen dieses Urteil eidgenössische Berufung und verlangte die vollumfängliche Gutheissung der Klage. Das Bundesgericht wies die Berufung ab.

Das Bundesgericht stellte zunächst fest, dass der Anwendung der clausula rebus sic stantibus auf die obligatorischen Bestimmungen des strittigen Baurechtsvertrages grundsätzlich nichts entgegensteht. Daraufhin wandte sich das Bundesgericht der Frage zu, ob vorliegend die Voraussetzungen der richterlichen Vertragsanpassung gegeben waren. Der richterliche Eingriff in einen Vertrag aufgrund veränderter Umstände setzt gemäss Bundesgericht voraus, dass die Verhältnisänderung weder vorhersehbar noch vermeidbar war, für Fälle wie den vorliegenden eine gravierende Äquivalenzstörung zur Folge hat und der Vertrag nicht vorbehaltlos erfüllt wurde. Gemäss Feststellung der Vorinstanz hatten die Parteien bei Vertragsschluss nicht mit einer Zuweisung der Baurechtsgrundstücke in die Reservezone gerechnet. Damit war für das Bundesgericht die Rechtsfrage jedoch noch nicht entschieden, ob die Verhältnisänderung auch nicht vorausgesehen werden konnte. Bei langfristigen Verträgen müssen die Parteien damit rechnen, dass sich die bei Vertragsabschluss bestehenden Verhältnisse später ändern. Namentlich Änderungen der Gesetzeslage gelten nach Auffassung des Bundesgerichts grundsätzlich nicht als unvorhersehbar. Sehen die Parteien ausdrücklich oder sinngemäss davon ab, den Einfluss solcher Änderungen auf die gegenseitigen Leistungen auszuschliessen, so entspricht es grundsätzlich dem Wesen des Vertrags, dass er so erfüllt wird, wie er abgeschlossen worden ist. Waren die nachträglich eingetretenen Umstände aber nicht vorauszusehen, so kann gemäss Bundesgericht von einem ausdrücklichen oder sinngemässen Verzicht auf eine Vertragsanpassung nicht die Rede sein. Dabei ist die Voraussehbarkeit auch dann zu verneinen, wenn eine Verhältnisänderung wie etwa die Änderung der gesetzlichen Grundlagen als solche zwar vorhersehbar war, nicht aber deren Art, Umfang und Auswirkungen auf den Vertrag.

Gestützt auf die Feststellungen der Vorinstanz liess sich gemäss Bundesgericht nicht der Schluss ziehen, dass im Zeitpunkt des Vertragsschlusses die Auszonung der Baurechtsgrundstücke vorhersehbar war. Vielmehr zielten die laufenden Planungsmassnahmen gerade in die gegenteilige Richtung. Unter diesen Umständen verstiess es aus Sicht des Bundesgerichts nicht gegen Bundesrecht, dass die konkrete Art und der Umfang der eingetretenen Verhältnisänderung trotz deren genereller Voraussehbarkeit als unvorhersehbar beurteilt wurde. Gemäss Bundesgericht machte der Kläger ferner zu Recht nicht geltend, dass diese vermeidbar gewesen oder der Vertrag vorbehaltlos erfüllt worden wäre.

Mit Blick auf die letzte Voraussetzung bemerkte das Bundesgericht, dass sich die Parteien bei der Festlegung des Baurechtszinses am Verkehrswert der Baurechtsgrundstücke orientiert hatten, die im Zeitpunkt des Vertragsschlusses noch in der Bauzone gelegen hatten. Nach Auffassung des Bundesgerichts verminderte die Umzonung von der Bau- in die Reservezone diesen Verkehrswert erheblich, da die Baurechtsgrundstücke nach der Umzonung nur noch für eine landwirtschaftliche Pacht nutzbar waren. Das Bundesgericht folgerte daraus, dass die Vorinstanz eine gravierende Äquivalenzstörung bundesrechtskonform bejaht hatte. Damit waren die Voraussetzungen für eine richterliche Anpassung des Vertrages an veränderte Umstände gegeben.

Als Hauptfolgen richterlicher Vertragsanpassung kommen gemäss Bundesgericht die vorzeitige Vertragsauflösung einerseits und die Modifikation der vertraglichen Leistungspflichten anderseits in Betracht. Das Bundesgericht war der

Auffassung, dass die Vorinstanz bundesrechtskonform annehmen konnte, die Parteien hätten als redlich handelnde Vertragspartner eine Kündigungsmöglichkeit auf einen Zinstermin vereinbart, wenn sie die Möglichkeit einer Umzonung der Baurechtsgrundstücke in die Reservezone bedacht hätten. Das Bundesgericht begründete seine Haltung damit, dass diese Lösung der Tatsache Rechnung trug, dass der Beklagte aus einem Baurecht an einem Grundstück in der Reservezone keinen vernünftigen Nutzen ziehen konnte und deshalb nicht anzunehmen ist, dass die Vertragspartner das Risiko der Umzonung in guten Treuen dem Beklagten zugewiesen hätten, falls sie die nachfolgende Entwicklung bei Vertragsschluss in Betracht gezogen hätten. Schliesslich befand das Bundesgericht, dass die von der Vorinstanz ermittelte Kündigungsfrist von sechs Monaten, die sich an den halbjährlichen Zinsterminen orientierte, ebenfalls angemessen war.

3. Teil   Inhalt des Vertrags

A. Repetitionsfragen

Grundsatz der Vertragsfreiheit

1. Was beinhaltet der Grundsatz der Vertragsfreiheit?
2. Nennen Sie die verschiedenen Aspekte der Vertragsfreiheit.

Schranken der Vertragsfreiheit

3. Nennen Sie die rechtlichen Schranken der Inhaltsfreiheit.
4. Wann hat ein Vertrag nach herrschender Auffassung einen unmöglichen Inhalt i.S.v. OR 20?
5. Wann hat ein Vertrag einen widerrechtlichen Inhalt i.s.v. OR 20?
6. Wann hat ein Vertrag einen Inhalt, der i.S.v. OR 20 gegen die guten Sitten verstösst?
7. Was ist die Rechtsfolge eines Vertrags mit unmöglichem, rechts- oder sittenwidrigem Inhalt nach traditioneller Auffassung sowie heute h.L. und Rechtsprechung?

Übervorteilung

8. A, ein älterer Herr, betritt das Elektrowarengeschäft von B, um sich einen Wecker zu kaufen. B bemerkt rasch, dass A keine Ahnung von den marktüblichen Preisen hat, er verkauft ihm den Wecker deshalb zum dreifachen Preis. Am nächsten Tag kommt A wieder ins Geschäft. Seine Tochter habe ihm gesagt, dass er zu viel für den Wecker bezahlt habe. Er möchte den Wecker zurückgeben und sein Geld wiederhaben. B weigert sich und meint: «Gekauft ist gekauft.» Hat A einen Anspruch auf die bezahlte Summe?

Vorvertrag

9. Kann nach Auffassung des BGer aus einem Vorvertrag direkt auf Erfüllung des Hauptvertrags geklagt werden?

B. Übungsfälle

Übungsfall 1: Unmöglichkeit

Haben die folgenden Verträge nach herrschender Auffassung einen unmöglichen Inhalt i.S.v. OR. 20?

a) A verkauft B sein Auto, das ohne sein Wissen vor wenigen Minuten bei einem Sturm zerstört worden ist.

b) A verkauft B sein Auto, das er ihm sogleich übergeben soll. Nur wenige Sekunden nach Vertragsschluss wird das Auto bei einem Sturm zerstört.

c) A verkauft B sein Auto, das ohne sein Wissen vor wenigen Minuten gestohlen worden ist.

d) A verkauft B sein Auto, das er ihm sogleich übergeben soll. Da A sein Auto jedoch falsch parkiert hat, ist es vor Vertragsschluss abgeschleppt worden.

e) A engagiert B, um an seiner Hochzeit Geige zu spielen. B kann jedoch nicht Geige spielen.

Übungsfall 2: Widerrechtlichkeit

Haben die folgenden Verträge nach herrschender Auffassung einen widerrechtlichen Inhalt i.S.v. OR 20?

a) A verkauft seinen Laptop an B, obwohl er diesen bereits C versprochen hat.

b) A soll für B verschiedene Möbelstücke zimmern. Sie vereinbaren, dass Ansprüche aus diesem Vertrag in einem Jahr verjähren.

c) A kauft im Eisenwarengeschäft von B ein Messer; insgeheim plant A, damit einen Raub zu begehen.

d) A gewährt B im Zusammenhang mit einem Rauschgiftgeschäft ein Darlehen.

e) A verpflichtet sich gegenüber B, sich von seiner Frau C scheiden zu lassen.

Übungsfall 3: Sittenwidrigkeit

Haben die folgenden Verträge einen sittenwidrigen Inhalt i.S.v. OR 20?
a) A verspricht B, an seiner Stelle eine Prüfung abzulegen.
b) A verspricht B, gegen Entgelt eine sexuelle Handlung vorzunehmen.
c) A wird von der Gesellschaft B angestellt, weil er deren Personalverantwortlichen bestochen hat.

C. Bundesgerichtliche Leitentscheide

Kündbarkeit ewiger Verträge

Kündigung eines zeitlich unbegrenzten Bierlieferungsvertrags.

BGE 114 II 159

Im Oktober 1967 verpflichtete sich die F AG (Beklagte), in sämtlichen gegenwärtigen und künftigen Gaststätten auf dem Flugplatzareal Y «für alle Zeit» nur Biere der Brauerei X zum Ausschank zu bringen und das Bier sowie weitere Getränke ausschliesslich bei der Brauerei X AG (Klägerin) zu beziehen; die Brauerei verpflichtete sich ihrerseits, die notwendigen Buffeteinrichtungen gratis zur Verfügung zu stellen. Im September 1973 schlossen die Parteien eine neue Vereinbarung. Danach war die F AG wiederum zum ausschliesslichen Bierbezug bei der Brauerei und überdies zum fast ausschliesslichen Bezug von Mineralwasser bei der M AG verpflichtet. Die Brauerei übernahm einen Kostenanteil von CHF 8'000.– für die Einrichtung des Buffets des Flugplatzrestaurants und gewährte für die Restkosten von CHF 6'558.– ein verzinsliches, in zehn jährlichen Raten rückzahlbares Darlehen. Für den Fall, dass der F AG die Einhaltung der Bezugsverpflichtung «aus irgendeinem Grunde nicht mehr möglich sein» sollte, sah der Vertrag die sofortige Rückzahlung des noch offenen Darlehensbetrags und des noch nicht amortisierten Teils der jährlich mit 5% abzuschreibenden CHF 8'000.– vor. Im Mai 1984 kündigte die F AG den Vertrag per August 1984 unter Anerkennung der bis dahin entstehenden finanziellen Verpflichtungen. In der Folge machte die Brauerei neben dem nicht amortisierten Anteil der Buffetkosten von unstreitig CHF 3'600.– (die Darlehensschuld war getilgt) Schadenersatz für entgangenen Gewinn geltend, da ihr der unbefristete Vertrag jedenfalls während 20 Jahren einen Anspruch auf Lieferung von Bier und Mineralwasser gewährt hätte. Die F AG lehnte unter Berufung auf ZGB 27 und OR 20 jede vertragliche Verpflichtung über den von ihr gesetzten Endtermin hinaus ab.

Im November 1985 klagte die Brauerei die F AG auf Zahlung von CHF 19'800.– nebst Zins ein. Das Amtsgericht wies die Klage ab, soweit es darauf eintrat. Auf Appellation der Klägerin hin bestätigte das Obergericht den erstinstanzlichen Entscheid. Die von der Klägerin dagegen eingereichte Berufung hiess das Bundesgericht gut und hob das obergerichtliche Urteil auf.

Das Bundesgericht verwies zunächst darauf, dass nach Lehre und Rechtsprechung Verträge nicht auf unbegrenzte Zeit abgeschlossen werden können. Ihre Kündbarkeit ergibt sich aus ZGB 27, wonach die persönliche und wirtschaftliche Handlungsfreiheit nicht übermässig eingeschränkt werden darf, oder aus ZGB 2, wonach das Beharren einer Partei auf einer übermässigen Bindung als zweckwidrige Rechtsausübung und damit als rechtsmissbräuchlich erscheint. Gemäss Bundesgericht lässt sich nur von Fall zu Fall entscheiden, wann ein Vertrag gekündigt werden kann. Zu beachten sind dabei die Intensität der Bindung des Verpflichteten und das Verhältnis zwischen Leistung und Gegenleistung. Das Bundesgericht führte weiter aus, dass es einen Verstoss gegen ZGB 27 nur zurückhaltend annehmen würde, wenn es um die Freiheit der wirtschaftlichen Betätigung geht. Gemäss Bundesgericht wird eine vertragliche Einschränkung der wirtschaftlichen Bewegungsfreiheit nur dann als übermässig angesehen, wenn sie den Verpflichteten der Willkür eines anderen ausliefert, seine wirtschaftliche Freiheit aufhebt oder in einem Masse einschränkt, dass die Grundlagen seiner wirtschaftlichen Existenz gefährdet sind. So ist die zulässige Bindungsdauer bei Verpflichtungen zu wiederkehrenden Leistungen oder Bezügen kürzer als beim Verzicht, während einer absehbaren Dauer über eine Sache zu verfügen, weshalb ein Vermieter für lange Zeit darauf verzichten kann, das Mietverhältnis zu kündigen.

Nach Auffassung des Bundesgerichts war nicht entscheidend, wie lange die Beklagte Bier und Mineralwasser bei der Klägerin und der M AG bezogen hatte. Denn ZGB 27 schützt nicht vor langer Vertragsdauer, sondern vor übermässiger Bindung; die Bestimmung verbietet insbesondere nicht, ein Dauerschuldverhältnis durch Absprache zu erneuern, solange die einzelnen Perioden nicht eine übermässige Bindung bewirken. Das Bundesgericht stellte daraufhin fest, dass für die Frage der zulässigen Bindungsdauer nicht auf das Jahr 1967 zurückzugreifen ist. Denn die Parteien stellten ihre vertraglichen Beziehungen im Jahre 1973 freiwillig auf eine neue Grundlage. Der Beklagten wäre es freigestanden,

den Vertrag von 1967 wegen übermässiger Bindung anzufechten, statt 1973 erneut einen Vertrag mit der Klägerin einzugehen.

Das Bundesgericht hielt daraufhin fest, dass der Vertrag von 1973 insoweit zur Teilnichtigkeit nach OR 20 Abs. 2 führte und durch Vertragsergänzung aufgrund des hypothetischen Parteiwillens zu beheben war, als er die zulässige Höchstdauer überschritt. Dieser Parteiwille liess sich gemäss Bundesgericht aufgrund des für den Buffetkostenanteil vereinbarten Amortisationssatzes von 5% ermitteln. Danach gingen die Parteien im Jahr 1973 davon aus, die von der Klägerin übernommenen CHF 8'000.– würden durch Bezug von Getränken während 20 Jahren kompensiert. Damit stand für das Bundesgericht fest, dass die Parteien einen auf die Zeit von 1973 bis 1993 beschränkten Vertrag abgeschlossen hätten, wenn sie sich der Unzulässigkeit ewiger Verträge bewusst gewesen wären. Zu prüfen blieb damit die Vereinbarkeit dieser Dauer mit ZGB 27 und 2.

Das Bundesgericht hielt daraufhin fest, dass diese 20 Jahre die nach ZGB 27 zulässige Höchstdauer nicht überschreiten würden. Die Führung des Flughafenrestaurants stellte für die Beklagte einen Nebenbetrieb dar. Die streitige Bezugsverpflichtung beschlug ihrerseits nur einen Teil dieses Nebenbetriebs, da sie nicht alle Getränke umfasste. Nach Auffassung des Bundesgerichts war sie daher nicht geeignet, die wirtschaftliche Freiheit der Beklagten auch nur wesentlich einzuschränken, geschweige denn sie aufzuheben. Schliesslich war für das Bundesgericht entscheidend, dass der Bezugspflicht eine beachtliche Leistung der Klägerin gegenüberstand. Indem die Klägerin auf weitere Erfüllung des zweiten Vertrags beharrt hatte, konnte ihr aus Sicht des Bundesgerichts auch kein Rechtsmissbrauch durch zweckwidrige Rechtsausübung vorgeworfen werden. Die Beklagte hatte die 1973 erbrachte Leistung erkennbar von der Bedingung abhängig gemacht, dass die Beklagte als Gegenleistung mindestens bis zum Jahr 1993 Bier und Mineralwasser bei der Klägerin und der M AG beziehen werde.

Partielle Unwirksamkeit eines wucherischen Vertrags

Auch bei wucherischen Verträgen kann die verpönte Äquivalenzstörung geltungserhaltend behoben werden.

BGE 123 III 292

Die T AG (Beklagte) war Eigentümerin einer Wiese, die sie seit 1974 einem Fussballclub (Kläger) gegen eine jährliche Entschädigung von CHF 300.– zur

Nutzung als Fussballplatz überliess. Diesen Vertrag kündigte die T AG auf Ende 1992 auf. In den anschliessenden Verhandlungen offerierte der Fussballclub eine jährliche Entschädigung von CHF 2'000.–. Die T AG unterbreitete ein Gegenangebot von CHF 3'000.–, das der Fussballclub annahm. Ein halbes Jahr nach Vertragsabschluss klagte der Fussballclub auf Herabsetzung des jährlichen Mietzinses auf CHF 800.–. Die T AG beantragte die Abweisung der Klage, eventuell die Feststellung der vollumfänglichen Unverbindlichkeit des Vertrags. Das Kantonsgericht hiess die Klage gut und setzte den Mietzins auf CHF 800.– herab. Gleich entschied das Obergericht. Das Bundesgericht hiess die Berufung der T AG teilweise gut und wies die Streitsache zur neuen Beurteilung an das Obergericht zurück.

Das Bundesgericht prüfte zuerst, ob die Übervorteilung nach OR 21 dem Übervorteilten überhaupt die Möglichkeit gibt, eine bloss teilweise Unverbindlichkeit des wucherischen Vertrags geltend zu machen und dessen Fortbestand mit geändertem Inhalt zu beanspruchen. Nach eingehender Prüfung der Materialien, der bisherigen Rechtsprechung, der älteren sowie der neueren Literatur kam das Bundesgericht zum Schluss, dass die Rechtsfolge der partiellen Unwirksamkeit auch bei wucherischen Verträgen möglich ist. Offen liess es dabei die Frage, ob die geltungserhaltende Reduktion auch vom Übervorteiler beansprucht werden kann, wenn der Übervorteilte die volle Unwirksamkeit will.

Im Anschluss daran ging das Bundesgericht auf das Eventualbegehren der T AG ein, wonach der ganze Mietvertrag wegen Willensmängel unwirksam ist, wenn die klägerische Forderung nach geltungserhaltender Reduktion bejaht wird. Das Bundesgericht verwehrte der T AG die Berufung auf Willensmängel. Gemäss Bundesgericht widerspricht es nämlich dem Schutzzweck von OR 21, wenn sich der Übervorteiler unter Berufung auf einen subjektiven hypothetischen Parteiwillen der sachgerechten Anpassung des Vertrags widersetzt. Dem Übervorteilten kann auch keine absichtliche Täuschung angelastet werden, weil er bereits beim Vertragsabschluss die Anfechtung in Aussicht nimmt. Denn es stellt kein täuschendes Verhalten dar, wenn sich ein Verhandlungspartner darüber ausschweigt, gesetzeskonform vorgehen zu wollen.

Schliesslich prüfte das Bundesgericht, ob im vorliegenden Fall die Voraussetzungen für eine Übervorteilung erfüllt sind. Im Rahmen dieser Untersuchung hielt es fest, dass zwar nicht leichthin davon auszugehen ist, Verträge im Freizeitbereich könnten in einer objektiv rechtserheblichen Notlage geschlossen werden, doch verhält es sich anders, wenn der Vertragsgegenstand für eine Partei von existenzieller Bedeutung ist, wie das bei einem Verein der Fall sein kann. Da der Fussballclub bei Verlust des Spielplatzes seine Lizenz und damit wohl auch seine Existenzberechtigung verloren hätte, bejahte das Bundesgericht eine Notlage i.S.v. OR 21. Aus hier nicht interessierenden Gründen war das Bundesgericht jedoch der Auffassung, dass die Vorinstanz das objektive Missverhältnis bundesrechtswidrig ermittelt hatte, weshalb es die Streitsache zur neuen Entscheidung zurückwies. Für den Fall, dass die Vorinstanz das offenbare Missverhältnis weiterhin bejahen würde, prüfte das Bundesgericht das Erfordernis der Ausbeutung. Gemäss Bundesgericht blieb unbeachtlich, dass der Fussballclub aktiv an den Verhandlungen mitgewirkt hat und seinerseits einen Jahresmietzins von CHF 2'000.– anbot. Denn Ausbeutung setzt nicht voraus, dass die Anregung zum Vertragsschluss vom Übervorteilenden ausgegangen ist. Schliesslich liess das Bundesgericht die Frage offen, ob bei Bejahung der Übervorteilung der Mietzins auf das marktübliche Durchschnittsentgelt oder auf den gerade noch zulässigen Preis zu reduzieren ist.

4. Teil   Mängel des Vertragsschlusses

A. Repetitionsfragen

Übersicht

1. Welche Arten von Willensmängeln unterscheidet das Gesetz?
2. Setzt ein Willensmangel einen (tatsächlichen oder normativen) Konsens voraus?

Irrtum

3. Wann liegt ein Erklärungsirrtum und wann ein Motiv- bzw. Grundlagenirrtum vor?
4. Beim Erklärungsirrtum wird zwischen dem Irrtum im Erklärungsakt und dem Inhaltsirrtum unterschieden. Ordnen Sie die folgenden Fälle einem der beiden Erscheinungsformen zu:

    a) A schliesst mit B einen Kaufvertrag über einen handgefertigten Tonkrug auf Spanisch ab. Dabei kauft er den Krug für «cincuenta» Schweizer Franken. A glaubt, «cincuenta» (fünfzig) bedeute fünfzehn.

    b) A mietet von B ein Fahrzeug. Dabei verspricht er sich und mietet das Auto aus Versehen statt für zwei für zehn Tage.

5. OR 24 Abs. 1 Ziff. 1–3 zählt die vermutungsweise wesentlichen Erklärungsirrtümer auf. Diese drei Tatbestände sind vor allem unter ihrer lateinischen Bezeichnung bekannt. Wie lauten diese?
6. Fällt der Erklärungsirrtum eines Stellvertreters unter OR 27?
7. Der Grundlagenirrtum ist ein qualifizierter Motivirrtum. Worin bestehen die qualifizierenden Merkmale?
8. Kann sich der Grundlagenirrtum auch auf Umstände beziehen, die ausserhalb des angefochtenen Vertrags liegen?
9. Ist die Anfechtung wegen Grundlagenirrtums möglich, wenn die Fehlvorstellung einen zukünftigen Sachverhalt betrifft?
10. Wann liegt ein blosser Rechnungsfehler i.S.v. OR 24 Abs. 3 vor?

11. Kann der Irrende einen Vertrag anfechten, wenn er den Irrtum seiner eigenen Fahrlässigkeit zuzuschreiben hat?
12. Was ist die Rechtswirkung eines wesentlichen Irrtums?
13. Kann sich gemäss BGer ein Käufer, der die kaufrechtlichen Sachgewährleistungsansprüche geltend macht, nachträglich auf einen Grundlagenirrtum berufen?

Absichtliche Täuschung

14. Die absichtliche Täuschung nach OR 28 setzt ein täuschendes Verhalten voraus. Schwierigkeiten bereitet dabei vor allem die Fallgruppe, in der ein Verschweigen vorhandener Tatsachen geltend gemacht wird. Umschreiben Sie, wann das Verschweigen von Tatsachen ein täuschendes Verhalten darstellt.
15. Kann die fehlende Erfüllungsbereitschaft einer Vertragspartei Gegenstand der Täuschung bilden?

Furchterregung

16. Kann eine «gegründete» Furcht nach OR 30 Abs. 1 auch vorliegen, wenn der Drohende gar nicht in der Lage ist, seine Drohung zu verwirklichen?
17. Ist eine Anfechtung wegen Furchterregung möglich, wenn die Drohung von einem Dritten ausgeht und die Gegenpartei keine Kenntnis von der Drohung haben konnte?

Rechtslage bei einseitiger Unverbindlichkeit des Vertrags

18. Welche drei Theorien bestehen zur Rechtslage bei einseitiger Unverbindlichkeit? Was besagen diese Theorien?
19. Was gilt für die versprochenen und bereits erbrachten Leistungen nach erfolgter Anfechtung? Welche Besonderheit besteht bei der Anfechtung ganz oder teilweise erfüllter Dauerschuldverhältnisse?
20. Wann liegt blosse Teilunverbindlichkeit des Vertrags vor?
21. Wie lange nach Vertragsabschluss kann die vom Willensmangel betroffene Partei den Vertrag anfechten?

B. Übungsfälle

Übungsfall 1: Wesentlicher Erklärungsirrtum?

Liegt in den folgenden Fällen ein wesentlicher Erklärungsirrtum i.S.v. OR 24 Abs. 1 Ziff. 1–3 vor?

a) A muss aus beruflichen Gründen ins Ausland ziehen. Es bricht ihm fast das Herz, dass er seinen reinrassigen und lieben Hund Earl of Shaftesbury nicht mitnehmen kann. Sowohl B als auch C möchten A den Hund abkaufen. A ist überzeugt, dass C seinen Hund besser behandeln und dessen blaublütige Herkunft mehr zu schätzen weiss, weshalb er Earl of Shaftesbury ihm verkaufen will. Er verwechselt aber die Namen und schliesst per Mail mit B den Kaufvertrag ab. Kann A den Vertrag anfechten?

b) Jus-Student A nimmt scherzhaft die Offerte von Informatik-Student B an, die Seminararbeit von A für CHF 100.– zu formatieren. Dabei gibt A seine «Annahmeerklärung» mit derart ernster Miene ab, dass B in guten Treuen von einem Rechtsbindungswillen ausgehen darf. Als A bemerkt, dass B seine Erklärung nicht als Scherz aufgefasst hat, möchte er vom Vertrag loskommen.

c) A verkauft dem Juristen B sein Mountain-Bike. Einen Tag später beschwert sich B über verschiedene Mängel. Dabei erläutert B die gesetzliche Sachmängelgewährleistung des Verkäufers. A findet die ganze Angelegenheit mühsam und erklärt, einen solchen Vertrag habe er nicht gewollt.

d) A verkauft B ein Schmuckstück für CHF 5'000.–. Kurz darauf erfährt A, dass er das Schmuckstück ohne Weiteres für CHF 15'000.– hätte verkaufen können. Kann A den Vertrag wegen Erklärungsirrtums anfechten? Wie ist der Fall zu beurteilen, wenn A sich verspricht und deshalb CHF 10'000.– zu wenig fordert?

Übungsfall 2: Die falsche CD

Anna steht zusammen mit ihrem Freund in einer Schlange vor der Kasse in Beats Musikgeschäft, um eine CD zu kaufen. Bevor Beat die CD entgegennimmt, hört er, wie Anna ihrem Freund erzählt, dass sie das Album für ihre beste Freundin Barbara kaufe, die sich die neueste CD dieser Band gewünscht habe. Beat weiss, dass diese CD nicht das neueste Album dieser Band ist. Da er froh darüber ist, die ältere CD endlich loszuwerden, sagt er nichts und verkauft sie Anna.

Kann Anna den Kaufvertrag wegen Willensmängel anfechten?

Variante: Wie es der Zufall will, erkundigt sich wenig später ein Kunde nach der an Anna verkauften CD. Da es das letzte Exemplar war, muss Beat den Kunden an ein anderes Musikgeschäft verweisen. Als Anna das Album am nächsten Tag zurückgeben will, meint Beat, sie habe ihm den entgangenen Gewinn zu ersetzen.

Verfügt Beat über einen solchen Schadenersatzanspruch? Wie wäre der Anspruch von Beat zu beurteilen, wenn er die tags zuvor gemachte Bemerkung von Anna über den Wunsch von Barbara nicht gehört hätte?

C. Bundesgerichtliche Leitentscheide

Grundlagenirrtum des Käufers

Bei falschen Angaben oder Zusicherungen über die Kaufsache kann der Käufer wahlweise auf Gewährleistung klagen oder den Vertrag wegen eines Willensmangels anfechten. Aus OR 31 ergibt sich lediglich eine relative Frist von einem Jahr. Wird der Kaufvertrag mit Erfolg wegen Irrtums angefochten, so ist die ungerechtfertigte Bereicherung des Verkäufers in der Leistung einer Nichtschuld zu erblicken. Daher beginnt die absolute Verjährungsfrist für den Rückforderungsanspruch mit der Bezahlung des Kaufpreises zu laufen.

BGE 114 II 131 («Picasso-Entscheid»)

A (Kläger) kaufte 1974 von X eine Zeichnung, die mit «Picasso» unterzeichnet war. Der Verkäufer erklärte dabei schriftlich, dass er die Echtheit der Zeichnung garantiere. 1985 stellte sich ein Expertenkomitee auf den Standpunkt, dass die Zeichnung ihres Erachtens nicht von Picasso stamme. 1986 klagte A gegen die Witwe (Beklagte) des inzwischen verstorbenen Verkäufers auf Rückzahlung des Kaufpreises. Er berief sich dabei in erster Linie auf Unverbindlichkeit des Vertrags wegen Grundlagenirrtums, eventuell auf Schadenersatz wegen absichtlicher Täuschung. Das Bezirksgericht und das Obergericht wiesen die Klage wegen Verjährung des Anspruchs ab. Gegen das Urteil des Obergerichts legte der Kläger Berufung an das Bundesgericht ein.

Als Erstes überprüfte das Bundesgericht seine bisherige Rechtsprechung, wonach zwischen den Bestimmungen über die Willensmängel nach OR 23 ff. und die Gewährleistung nach OR 197 ff. alternative Konkurrenz besteht. Es kam zum Schluss, dass es an seiner bisherigen Rechtsprechung festhält; daher kann sich der Käufer einer Speziessache, der das Fehlen einer bestimmten Eigenschaft geltend macht, weiterhin wahlweise auf die Vorschriften über den Irrtum oder auf das Gewährleistungsrecht berufen.

Nachdem das Bundesgericht festgestellt hatte, dass A beim Kauf einem Grundlagenirrtum unterlegen war, setzte es sich mit der Frage auseinander, ob neben der relativen einjährigen Verwirkungsfrist von OR 31 eine absolute Frist von zehn Jahren zu beachten ist. Das Bundesgericht verneinte das. Damit konnte A den Vertrag auch noch 1985 anfechten. Das Bundesgericht widmete sich als Nächstes der Frage, ob für den Anspruch von A die absolute Verjährung gemäss OR 67 Abs. 1 eingetreten ist. Die Antwort hängt davon ab, ob für die Entstehung des Rückforderungsanspruchs und damit für den Beginn der zehnjährigen Frist der Zeitpunkt der Leistung oder der Zeitpunkt der Anfechtung massgebend ist. Dabei fragt sich, ob der Anspruch eine Nichtschuld oder eine Leistung aus nachträglich weggefallenem Rechtsgrund betrifft, weil im ersten Fall die absolute Verjährungsfrist mit dem Zeitpunkt der Leistung, im zweiten mit dem Wegfall des Rechtsgrundes zu laufen beginnt. Das Bundesgericht schloss sich im Folgenden der Ungültigkeitstheorie an, wobei es offenliess, ob es sich hierbei um eine ein- oder zweiseitige Ungültigkeit handelt. Ist von der Ungültigkeit auszugehen, so ist die Bereicherung in der Bezahlung eines nichtgeschuldeten Kaufpreises zu erblicken, weshalb die absolute Verjährungsfrist mit der Leistung zu laufen beginnt. Gemäss Bundesgericht ergibt sich diese verjährungsrechtliche Folge auch aus der Anfechtungstheorie, da diesfalls der Vertrag ex tunc aufgehoben wird. Bei diesem Ergebnis war der Bereicherungsanspruch des A bereits verjährt, bevor er sich auf den Irrtum berufen hatte.

Irrtum des Mieters über die Fläche der gemieteten Geschäftsräume

Wenn der Mietzins nach den Quadratmetern der Räume bestimmt wurde, kann eine Flächendifferenz von über 40 m² im Verhältnis zur im Vertrag angegebenen Fläche nicht darauf schliessen lassen, der Mieter habe dieser Angabe keine Bedeutung zugemessen.

BGE 135 III 537

Die vom Betreiber eines Solariums für CHF 4'000.– pro Monat gemieteten Räume wiesen 17% weniger Fläche auf als vertraglich vereinbart. Im Mietvertrag war eine ungefähre Fläche von 246 m² erwähnt, tatsächlich waren die Räume jedoch nur 204 m² gross.

Das Bundesgericht erklärte, dass gerade bei der Miete von Geschäftsräumen die Fläche des Mietobjekts wesentlich sei für die Entscheidung, ob ein Mietvertrag abgeschlossen wird. Zwar hätte der Mieter sich bei einer Nachmessung vermutlich trotzdem mit dem besichtigten Raum zufriedengegeben, doch wäre er kaum bereit gewesen, einen Mietzins zu zahlen, der auf der Basis einer fehlerhaften Flächenangabe bemessen war.

Dieser Entscheid ist in zweifacher Hinsicht interessant:

Einerseits bestätigt er die Möglichkeit einer Teilungültigkeit eines Vertrages aufgrund eines Irrtums (OR 20 Abs. 2), «wenn die mit dem Mangel behaftete Leistung teilbar ist und angenommen werden kann, beide Parteien hätten den Vertrag mit einer angepassten Leistung abgeschlossen, um diesem Mangel Rechnung zu tragen». Vorliegend war der Mietzins anhand der Fläche berechnet worden, weshalb das Bundesgericht annahm, dass der Vermieter den Vertrag auch mit einem Mietzins abgeschlossen hätte, der auf den korrekten Flächenangaben basierte.

Andererseits unterstreicht das Bundesgericht in diesem Entscheid, dass die Feststellung, die gemietete Fläche entspreche nicht der Realität, kein Irrtum über den Umfang der Leistung gemäss OR 24 Abs. 1 Ziff. 3 darstellt, da der Mieter die gemieteten Räumlichkeiten kannte. Vielmehr befand er sich im Irrtum betreffend den Mietzins, der sich anhand der (zu hohen) Flächenangaben berechnete. Folglich handelt es sich um einen Motivirrtum. Dieser war gemäss Bundesgericht wesentlich, da die Flächenangabe bei Geschäftsräumen massgeblich ist für die Berechnung der Mietzinse (objektive Wesentlichkeit) und die Abweichung 17% betrug. Zudem reagierte der Mieter sofort nach Entdeckung der Differenz und zeigte damit, dass er nicht bereit war, diesen Unterschied zu akzeptieren.

Vertragsrechtliche Auswirkungen einer Beamtenbestechung; Folgen der Vertragsanfechtung bei ganz oder teilweise erfüllten Dauerschuldverhältnissen

Ein Vertrag, der durch die Bestechung eines Beamten bewirkt wird, fällt nur dann unter die Verbotsnorm von OR 19/20, wenn sich das strafbare Verhalten auf den Vertragsinhalt erstreckt. – Bei ganz oder teilweise abgewickelten Dau-

erschuldverhältnissen bewirkt die Anfechtung eine ausserordentliche Kündigung ex nunc.

BGE 129 III 320

Die ABZ Recycling AG (Klägerin) befasst sich mit der Entsorgung von Klärschlamm. In einem Fünfjahresvertrag mit der Stadt Zürich (Beklagte) verpflichtete sie sich, dieser ab 1. Januar 1990 Klärschlamm abzunehmen, nach Frankreich zu transportieren und dort zu Kompost verarbeiten zu lassen. Die Stadt Zürich verpflichtete sich zur Lieferung einer jährlichen Mindestmenge und zur Leistung eines Entgelts pro entsorgte Tonne (nachfolgend Klärschlammvertrag).

Im Rahmen eines Strafverfahrens erhärtete sich der Verdacht, dass die ABZ Recycling AG einen Beamten der Stadt Zürich im Zusammenhang mit dem Klärschlammvertrag Geld hatte zukommen lassen. Das veranlasste die Stadt Zürich im Jahre 1993 zur Anfechtung des Vertrags, worauf sie die ABZ Recycling AG nicht mehr mit Klärschlamm belieferte und sich weigerte, deren Rechnungen über bereits nach Frankreich transportierten und dort verwerteten Klärschlamm zu begleichen.

Die ABZ Recycling AG erhob daraufhin Klage auf Bezahlung der erbrachten Leistungen sowie des entgangenen Gewinns auf der vertraglich garantierten, aber nicht gelieferten Klärschlammmenge des Jahres 1992. Die Beklagte forderte in einer Widerklage die Herausgabe von ungerechtfertigten Bereicherungen und Schadenersatz. Das Bezirksgericht hiess beide Klagen teilweise gut und verurteilte nach Verrechnung der beiden Forderungen die Stadt Zürich zur Bezahlung einer Geldsumme. Das Obergericht hiess nur die Klage der ABZ Recycling AG teilweise gut. Die Stadt Zürich führte dagegen Berufung ans Bundesgericht. Das Bundesgericht wies die Berufung ab.

Das Bundesgericht prüfte in einem ersten Schritt die Nichtigkeit des Klärschlammvertrags. Dabei hielt es fest, dass Verträge, die durch Schmiergelder bewirkt werden, im Gegensatz zu den Schmiergeldversprechen als solchen keinen rechts- oder sittenwidrigen Inhalt haben und daher nicht unter die Nichtigkeitsfolgen von OR 20 fallen. Von den Verbotsnormen von OR 19 und 20 sind Verträge nur dann betroffen, wenn sich die Strafbarkeit auf den Vertragsinhalt erstreckt.

Weiter prüfte das Bundesgericht, ob eine absichtliche Täuschung nach OR 28 vorlag. Einleitend bemerkte das Bundesgericht, dass die Täuschung für den Vertragsabschluss kausal sein muss. Ein solcher Kausalzusammenhang fehlt, wenn der Getäuschte den Vertrag auch ohne Täuschung geschlossen hätte. Die Vorinstanz hielt nun aber für unbewiesen, dass die Zahlung der Schmiergelder einen Einfluss auf den Abschluss, die Gestaltung oder die Abwicklung des Klärschlammvertrags hatte. Darin liegt eine Beweiswürdigung, die das Bundesgericht nicht überprüfen kann. Da die Kausalität unbewiesen blieb, versagte die Vorinstanz die Berufung auf absichtliche Täuschung bundesrechtskonform.

Schliesslich wandte sich das Bundesgericht dem Grundlagenirrtum zu. Hierzu erklärte es zunächst, dass die Rechtsgültigkeit der Anfechtung unbestritten ist, weshalb es lediglich die Folgen der Anfechtung beurteilt. Das Bundesgericht bemerkte dazu, dass bei der Anfechtung ganz oder teilweise abgewickelter Dauerschuldverhältnisse die Rückabwicklung nach reinen Vindikations- und Bereicherungsgrundsätzen in aller Regel auf erhebliche praktische Schwierigkeiten stösst oder sich gar als unmöglich erweist. Aus Praktikabilitätsgründen rechtfertigt es sich deshalb, der Anfechtung die Bedeutung einer Kündigung beizumessen. Die Annahme eines faktischen Vertragsverhältnisses erübrigt sich damit jedenfalls dort, wo die Ungültigkeit des Vertrags nicht von Amtes wegen festgestellt, sondern durch Ausübung eines Gestaltungsrechts herbeigeführt wird.

Ein Vorbehalt zur Auflösung des Vertrags ex nunc ist für den Fall anzubringen, dass der Willensmangel sich im Synallagma selbst auswirkte, d.h. für das Leistungsversprechen des Irrenden in quantitativer Hinsicht bestimmend war. Hier kann die Anfechtung insoweit zurückwirken, als die gegenseitigen Leistungen in gerichtlicher Vertragsanpassung neu bewertet und nach dem Regelungsgedanken von OR 20 Abs. 2 modifiziert werden.

Nach der Kündigungstheorie wurde der Klärschlammvertrag durch die Anfechtungserklärung ex nunc aufgelöst. Bis zu diesem Zeitpunkt blieb der Vertrag nach Auffassung des Bundesgerichts gültig. Damit war die Stadt Zürich verpflichtet, die bis dahin erbrachten Leistungen der ABZ Recycling AG zu vergüten. Da die Schmiergeldzahlungen der ABZ Recycling AG keinen Einfluss auf die Preisgestaltung hatten, war gemäss Bundesgericht der Vertragspreis zu bezahlen. Aus der Auflösung ex nunc ergab sich zudem, dass die Stadt Zürich Schadenersatz für die Unterschreitung der vereinbarten Liefermenge zu leisten hatte.

5. Teil   Stellvertretung

A. Repetitionsfragen

Übersicht

1. Was unterscheidet den Stellvertreter vom Boten?
2. Was unterscheidet den «direkten» («echten») Stellvertreter vom «indirekten» («unechten») Stellvertreter?
3. Kann auch eine juristische Person ein Stellvertreter nach OR 32 ff. sein? Und ein Prokurist nach OR 458 oder ein Handlungsbevollmächtigter nach 462 OR?

Stellvertretung mit Ermächtigung

4. Was sind die Voraussetzungen für die Vertretungswirkung bei der direkten Stellvertretung?
5. Was wird unter der «gewillkürten» Stellvertretung verstanden? Was bildet das Gegenstück zur gewillkürten Stellvertretung?
6. Kann man sich für jede Rechtshandlung vertreten lassen?
7. Kann die direkte Vertretungswirkung auch eintreten, wenn der Vertreter nicht in fremdem, sondern in eigenem Namen handelt?
8. Was wird unter den Begriffen «Vollmacht» und «Bevollmächtigung» verstanden?
9. Ist gemäss BGer für die Bevollmächtigung zum Abschluss eines formbedürftigen Vertrags eine Formvorschrift zu beachten?
10. Ist die Vollmacht «kausal» oder «abstrakt»?
11. Grundsätzlich deckt die Vollmacht die Insichgeschäfte nicht ab. In welche zwei Gruppen werden die Insichgeschäfte unterteilt? Wann ist deren Abschluss ausnahmsweise zulässig?
12. Kann der Vollmachtgeber rechtsgültig darauf verzichten, die Vollmacht zu widerrufen?
13. Kann eine Vollmacht über den Tod hinaus erteilt werden?

Stellvertretung ohne Ermächtigung

14. Wann liegt eine Stellvertretung ohne Ermächtigung vor?
15. In welchem Zustand befindet sich der Vertrag, der von einem vollmachtlosen Vertreter abgeschlossen und vom Vertretenen noch nicht genehmigt worden ist? Welche Rechtsfolge hat die Genehmigung des Vertrags durch den Vertretenen?
16. Kann in einem Schweigen die Genehmigung erblickt werden?
17. Wem gegenüber muss die Genehmigung des Vertrags erfolgen? Gegenüber dem vollmachtlosen Stellvertreter oder gegenüber dem Dritten, der mit dem vollmachtlosen Stellvertreter den Vertrag abgeschlossen hat?
18. Was bedeutet «interne Vollmacht», was «externe Vollmacht»?
19. Kann die externe Vollmacht allein die Vertretungsmacht des Stellvertreters begründen?
20. Kann die Vertretungswirkung mit Vertragsabschluss eintreten, obwohl der Vertreter ohne Vollmacht handelt?
21. Wann kann eine «Duldungsvollmacht», wann eine «Anscheinsvollmacht» vorliegen?
22. Was gilt im Verhältnis zwischen Vertretenem und Drittem, wenn der Vertretene den Vertrag nicht genehmigt und dem Dritten kein Gutglaubensschutz zu gewähren ist?
23. Was gilt im Verhältnis zwischen vollmachtlosem Vertreter und Drittem, wenn der Vertretene den Vertrag nicht genehmigt und dem Dritten kein Gutglaubensschutz zu gewähren ist?
24. Woraus können sich Ansprüche des Vertretenen gegen den vollmachtlos handelnden Vertreter ergeben?

B. Übungsfälle

Übungsfall 1: Vertretungswirkung

Tritt in den folgenden Fällen die Vertretungswirkung ein?

a) A beauftragt B, seine mit Raritäten bestückte Plattensammlung im Namen von A für CHF 800.– zu verkaufen. B verkauft die Platten im Namen von A für CHF 600.– an C. Als C von A die Platten fordert, erklärt A, dass er sich nicht an diesen Vertrag gebunden fühle.

b) A beauftragt B damit, sein Auto für CHF 5'000.– zu verkaufen. B beschliesst kurz darauf, dass Auto zu diesem Preis gleich für sich selbst zu erwerben.

c) A teilt C mit, dass B als sein Vertreter die Vertragsverhandlungen mit ihm führen wird. Wenig später kommt es mit Blick auf diese Verhandlungen zu einer Meinungsverschiedenheit zwischen A und B. Daraufhin widerruft A die Vollmacht von B. A versäumt es aber, C darüber zu informieren. Im Wissen um die fehlende Kundgabe an C schliesst B den Vertrag mit C trotzdem ab, um A vor vollendete Tatsachen zu stellen.

d) A weilt geschäftlich im Panama. Er beauftragt B, als sein Stellvertreter einen Vertrag mit C abzuschliessen. Kurz bevor B den Vertrag unterzeichnet, verunfallt A tödlich.

e) B fährt zu einem Discounter für elektrische Geräte. Bei dieser Gelegenheit bittet ihn A, für ihn eine Digitalkamera zu kaufen. Das Geld gibt er ihm gleich mit. An der Kasse sagt B nicht, dass er die Kamera nicht für sich, sondern für A kauft.

Übungsfall 2: Anscheins- und Duldungsvollmacht

Stefan, ein Verwaltungsrat der X AG, schliesst mit Claudia einen Vertrag ab. Aus dem Handelsregister ergibt sich, dass Stefan lediglich kollektiv zeichnungsberechtigt ist und er dieses Geschäft nur gemeinsam mit einem anderen Verwaltungsrat hätte abschliessen können. Claudia verlangt den Vollzug des Vertrags und beruft sich dabei auf eine Duldungs- oder Anscheinsvollmacht von Stefan.

Kann Claudia den Vollzug des Geschäfts fordern?

(Sachverhalt und Lösung angelehnt am Entscheid des BGer vom 17. November 2006, 4C.293/2006.)

C. Bundesgerichtliche Leitentscheide

Gutgläubiger Vertrauensschutz

Voraussetzungen der auf Rechtsschein beruhenden Vollmacht.

BGE 120 II 197

A.H. (Beklagter) war Inhaber der im Handelsregister eingetragenen Einzelfirma «Sport H.». Im Betrieb arbeitete sein Sohn G.H. mit, der registermässig über keine Unterschriftsberechtigung verfügte. G.H. unterzeichnete unter dem Firmenstempel «H. Sport» einen Vertrag mit der U AG (Klägerin) über die Einrichtung eines neuen Sportgeschäfts zu Kosten von ca. CHF 200'000.–. Auf der Rückseite des Vertrags waren die Allgemeinen Vertragsbedingungen der Klägerin abgedruckt. Darin war für den Fall einer akzeptierten Annullierung des Vertrags durch den «Käufer» eine Entschädigung von 25% der «Kaufsumme» als Ersatz für die Planungskosten, entgangenen Gewinn etc. vorgesehen. Nachdem die U AG eine Auftragsbestätigung abgegeben hatte, ersuchte G.H. sie mit einem Schreiben, das auf dem Geschäftspapier der Einzelfirma abgefasst war, bis zur Klärung noch offener Fragen keine weiteren Schritte zu unternehmen. Unter privatem Briefkopf trat er daraufhin vom Vertrag zurück.

In der Folge belangte die U AG die «H. Sport, Einzelfirma des Herrn G.H.» auf CHF 50'000.– nebst Zins als Entschädigung für die Vertragsannullierung. Das Handelsgericht des Kantons St. Gallen hiess unter Berichtigung der beklagtischen Parteibezeichnung in «A.H.» die Klage im Teilbetrag von CHF 30'000.– nebst Zins gut. Das Bundesgericht hiess eine dagegen eingelegte Berufung des Beklagten gut und wies die Klage ab.

Gemäss Bundesgericht war der Beklagte vertraglich gebunden, wenn sein Sohn den Vertrag in seinem Namen als Fremdgeschäft abschloss und dazu bevollmächtigt war oder wenn die Klägerin aus seinem Verhalten in guten Treuen auf eine solche Vollmacht schliessen durfte oder wenn er den Vertrag nachträglich genehmigte. Eine ausdrückliche kaufmännische oder bürgerliche Bevollmächtigung des Sohnes war nicht erstellt, ebenso wenig eine Genehmigung des Vertrags durch den Beklagten. Zu prüfen war nach Auffassung des Bundesgerichts daher einzig, ob die Klägerin Schutz ihres guten Glaubens beanspruchen konnte, mit dem Beklagten den Einrichtungsvertrag geschlossen zu haben. Dieser Regelungsgedanke wird gemäss Bundesgericht von OR 33 Abs. 3 erfasst und wird terminologisch uneinheitlich etwa als externe Anscheins- und Duldungsvollmacht bezeichnet. Gemäss Bundesgericht beruht die Bindung des ungewollt Vertretenen jedenfalls auf dem Vertrauensprinzip. Danach ist der Erklärende im rechtsgeschäftlichen Bereich nicht gebunden, weil er einen bestimmt gearteten inneren Willen hatte, sondern weil er ein Verhalten an den Tag gelegt hat, aus dem die Gegenseite in guten Treuen auf einen bestimmten Willen schliessen durfte. Das bedeutet im Vertretungsrecht, dass der Vertretene auf einer bestimmt gearteten Äusserung zu behaften ist, wenn der gutgläubige Dritte, demgegenüber der Vertreter ohne Vollmacht handelt, sie in guten Treuen als Vollmachtskundgabe verstehen durfte und darauf vertraute.

Das Bundesgericht wandte sich im Folgenden den einzelnen Voraussetzungen dieser Vertrauenshaftung zu. Als Erstes muss der Vertreter dem Dritten gegenüber in fremdem Namen handeln. Weiter ist gemäss Bundesgericht zu fordern, dass die objektive Mitteilung der Vollmacht vom Vertretenen ausgehen muss. Entscheidend ist dabei, ob das tatsächliche Verhalten des Vertretenen nach Treu und Glauben auf einen Mitteilungswillen schliessen lässt, wobei dieses Verhalten in einem positiven Tun oder auch in einem bewusst oder normativ zurechenbaren Unterlassen oder Dulden bestehen kann. Hat der Vertretene Kenntnis vom Auftreten des Vertreters, schreitet er aber dagegen nicht ein, wird ihm gemäss Bundesgericht eine sogenannte Duldungsvollmacht unterstellt. Kennt er das Verhalten des Vertreters nicht, könnte er es aber bei pflichtgemässer Aufmerksamkeit kennen und verhindern, liegt nach derselben Terminologie eine Anscheinsvollmacht vor. Das Bundesgericht stellte dabei aber klar, dass die Bindungswirkung nicht bereits dann eintritt, wenn der Dritte auf den Bestand einer Vollmacht schliessen darf, sondern bloss dann, wenn das Unterlassen des Vertretenen objektiv als drittgerichtete Mitteilung, als Vollmachtskundgabe zu werten ist. Schliesslich erwähnte das Bundesgericht mit Blick auf die letzte Voraussetzung, dass die Vertretungswirkung trotz fehlender Vollmacht nur bei berechtigter Gutgläubigkeit des Dritten eintritt.

Das Bundesgericht setzte sich im Folgenden mit dem Entscheid der Vorinstanz auseinander, die auf eine Anscheinsvollmacht geschlossen hatte. Gemäss Bundesgericht war der Vorinstanz darin beizupflichten, dass der Sohn des Beklagten, welcher die Vertragsverhandlungen mit der Klägerin im Geschäftslokal des Vaters führte, den Vertrag unter dessen Firmenstempel zeichnete und für die Korrespondenzen dessen Geschäftspapier benutzte, nach Treu und Glauben den Eindruck erweckte, er handle in fremdem Namen. Schutz verdiente die Klägerin jedoch nur, wenn sie tatsächlich von einem Fremdgeschäft ausging. War sie dagegen der Meinung, mit dem Sohn ein Eigengeschäft abzuschliessen, entfiel eine Vertrauenshaftung des Beklagten zwangsläufig. Der Umstand, dass die Klägerin im Prozess ursprünglich G.H. und nicht A.H. als Geschäftsinhaber belangt hatte, deutete darauf hin, dass sie sich in der Person des Geschäftsinhabers geirrt, nicht aber ein Vertretungsverhältnis angenommen hatte. Diesfalls entfiele eine Haftung des Beklagten. Das Bundesgericht hielt dazu fest, dass sich eine Ergänzung des Sachverhalts indessen erübrigt, wenn die Auffassung der Vorinstanz, die Klägerin habe gutgläubig auf eine Vollmachtskundgabe des Vaters schliessen dürfen, vor dem Bundesgericht nicht standhält.

Besteht die Vollmachtskundgabe in einem passiven Verhalten des Vertretenen, müssen hinreichende objektive Umstände gegeben sein, aus denen der Dritte auf eine Bevollmächtigung schliessen darf. Das Handelsgericht lastete dem Beklagten an, er hätte den durch das Vertreterverhalten seines Sohnes erweckten Anschein erkennen können und sei dagegen nicht eingeschritten. Die Erkennbarkeit leitete die Vorinstanz daraus ab, dass die Verhandlungen im Geschäftslokal des Beklagten stattgefunden und als Fortsetzung früherer Umbaupläne gewirkt hatten. Das Bundesgericht wendete dagegen ein, dass bei früheren Verhandlungen der Beklagte selbst und nicht sein Sohn Verhandlungspartner gewesen war. Daher konnte die Vertrauenshaftung nicht damit begründet werden, der Beklagte habe in früheren Verhandlungen seinen Sohn wirken lassen und damit eine Duldungsvollmacht begründet, die er nicht widerrufen habe (OR 34 Abs. 3).

In der Folge wandte sich das Bundesgericht der Auffassung des Handelsgerichts zu, aus der Verhandlung im Geschäft des Beklagten hätte auf die Einräumung einer betrieblichen Stellung geschlossen werden können, mit der üblicherweise eine Vollmacht verbunden sei. Das Bundesgericht entgegnete, dass der Dritte bloss auf eine Vollmacht schliessen darf, die inhaltlich auf die mit der Stellung verbundenen Aufgaben beschränkt ist. Der Rechtsschein deckt daher allein die branchenüblichen Geschäfte des jeweiligen Handelsgewerbes. Daraus folgerte das Bundesgericht, dass die Bestellung einer Ladeneinrichtung zum Preis von ca. CHF 200'000.– für ein Verkaufsgeschäft der Sportbranche klarerweise ausserhalb dieses üblichen Geschäftsgangs lag und daher durch die allgemeine Rechtsvollmacht des Angestellten nicht gedeckt war. Auch die Verwandschaft des Vertretenen zum Vertreter reichte nach Auffassung des Bundesgerichts nicht aus, um den Rechtsschein einer umfassenden Bevollmächtigung im privaten oder geschäftlichen Bereich zu begründen. Nichts anderes galt schliesslich für die Verwendung von Geschäftspapier und namentlich des Firmenstempels auf dem Vertragsdokument. Das Bundesgericht verwies darauf, dass Firmenstempel in den meisten Geschäften auch subalternen Angestellten zugänglich sind und gerade diesen die Benutzung obliegt. Gemäss Bundesgericht vermochten alle diese Anzeichen das gutgläubige Vertrauen des Dritten in eine Vertretungsmacht nicht weiter zu schützen, als es die branchenübliche Geschäftsabwicklung erheischt. Da im vorliegenden Fall die eingegangenen Verpflichtungen wesentlich über den normalen Geschäftsbetrieb hinausgingen, durfte die Klägerin nicht davon ausgehen, der Sohn vermöge den Beklagten zu verpflichten.

6. Teil   Widerrufsrecht bei Haustürgeschäften

A. Repetitionsfragen

Allgemeines

1. Von welchem vertragsrechtlichen Grundsatz weicht das in OR 40a ff. geregelte Widerrufsrecht bei Haustürgeschäften ab?
2. Welcher Schutzgedanke steht hinter den Bestimmungen von OR 40a ff.?

Anwendungsbereich

3. Sind Versicherungsverträge vom Anwendungsbereich der OR 40a ff. umfasst?
4. Kann ein Konsument den Vertrag widerrufen, wenn er die Verhandlung ausdrücklich gewünscht hat?
5. Was gilt im Falle eines Widerrufs für Leistungen, die bereits ausgetauscht worden sind?

7. Teil Ungerechtfertigte Bereicherung

A. Repetitionsfragen

Allgemeine Voraussetzungen der Bereicherungsansprüche

1. Wozu dient der Anspruch aus ungerechtfertigter Bereicherung?
2. Wie werden die Ansprüche aus ungerechtfertigter Bereicherung aufgrund ihrer römisch-rechtlichen Wurzeln auch genannt und welche zwei Hauptarten von Bereicherungsansprüchen werden dabei unterschieden?
3. Was hat die Leistungskondiktion zum Gegenstand?
4. Worum geht es bei der Eingriffskondiktion?
5. Welches sind die allgemeinen Grundvoraussetzungen des Anspruchs aus ungerechtfertigter Bereicherung?
6. Auf welche Weise kann eine solche Bereicherung erfolgen?
7. Wann gilt eine Bereicherung als ungerechtfertigt?
8. Welche Arten der Zuwendungen des Entreicherten (Leistungskondiktionen) unterscheidet das Gesetz?
9. Worin liegt der Unterschied zwischen der Leistungs- und der Eingriffskondition in Bezug auf die Bereicherung?
10. Wie kann ausserhalb der Eingriffs- und der Leistungskondition eine Bereicherung auch noch eintreten?
11. In welcher Beziehung steht der Anspruch aus ungerechtfertigter Bereicherung zu vertraglichen oder sachenrechtlichen Ansprüchen?
12. In welcher Beziehung steht der Anspruch aus ungerechtfertigter Bereicherung zu einem Anspruch aus unerlaubter Handlung?

Rechtsfolgen der ungerechtfertigten Bereicherung

13. Was ist der Gegenstand des Anspruchs aus ungerechtfertigter Bereicherung?
14. In welchen Fällen kommt der Naturalrestitution praktische Bedeutung zu?
15. Welches ist die Alternative zur Naturalrestitution?

16. In welchen Fällen findet der Wertersatz Anwendung?
17. Was umfasst die Pflicht zur Rückerstattung?
18. Gibt es Fälle, in denen der Bereicherungsschuldner die Rückerstattung verweigern kann?
19. Wann gilt ein Empfänger einer irrtümlich erfolgten Zahlung als gutgläubig?
20. Wie ist bei der Rückerstattung ein allfälliger aus der Bereicherung gezogener Nutzen zu behandeln?

Sonderfälle

21. Besteht in denjenigen Fällen, in welchen der Leistende eine Nichtschuld freiwillig bezahlt, ein Anspruch aus ungerechtfertigter Bereicherung?
22. Wie ist die Situation zu beurteilen, wenn sich der Leistende bezüglich seiner Leistungspflicht in einem Irrtum befand und in der Folge eine Nichtschuld freiwillig bezahlt hat?
23. Wie verhält es sich mit der Rückforderung bei der Bezahlung einer verjährten Schuld?
24. Gemäss OR 66 kann dasjenige, was in der Absicht, einen rechtswidrigen Erfolg zu bewirken, bezahlt wurde, nicht zurückgefordert werden. Was wird darunter subsumiert?

Verjährung von Ansprüchen aus OR 62 ff.

25. Welche Fristen sind bei der Verjährung von Ansprüchen aus ungerechtfertigter Bereicherung zu differenzieren?
26. Wann beginnt die relative Frist zu laufen und wie lange dauert sie?
27. Wann beginnt und wann endet die absolute Verjährungsfrist bei Ansprüchen aus ungerechtfertigter Bereicherung?

B. Übungsfälle

Übungsfall 1

Martin plant auf seinem Grundstück den Bau einer Garage, um seinen Aston Martin Model DB Mark III vor schädlichen Witterungseinflüssen zu schützen. Zu diesem Zweck reicht er ein Baugesuch bei der zuständigen Behörde ein. Gegen die erteilte Baubewilligung erhebt sein Nachbar Bertone Beschwerde, wobei es ihm lediglich darum geht, Martin die Freude an seinem Bauprojekt zu nehmen. In der Folge vereinbart Bertone mit Martin, dass Letzterer Bertone vergleichsweise CHF 10'000.– bezahle und dafür Bertone die entsprechende Beschwerde zurückziehe. Nach der Überweisung des Betrages und des Rückzuges der Beschwerde fühlt sich Martin durch die Vereinbarung benachteiligt und möchte sein Geld zurückhaben. Besteht eine Möglichkeit, dass Martin wieder zu seinem Geld kommt?

(Sachverhalt und Lösung angelehnt an BGE 123 III 101.)

Übungsfall 2

Caché arbeitete während einiger Zeit bei einer Privatbank im Zentrum von Zürich. Gemäss Arbeitsvertrag hatte Caché das Recht auf die Nutzung eines Parkplatzes im Innenhof der Privatbank. Nach seiner Entlassung kommt er auf die Idee, seinen ehemaligen Parkplatz weiter zu nutzen, indem er ihn jeweils über das Wochenende für CHF 150.– einer privaten Sicherheitsfirma vermietet, welche verschiedene benachbarte Gebäude überwacht. Als nach mehreren Monaten die Privatbank von Cachés Machenschaften erfährt, möchte diese die von Caché eingezogenen Mietzinsen abschöpfen. Welche Möglichkeit hat sie, dies zu tun?

(Eine Geschäftsführung ohne Auftrag ist nicht zu prüfen.)

C. Bundesgerichtliche Leitentscheide

Anspruch des Registervaters gegen den Erzeuger für geleisteten Kindesunterhalt

Wird das rechtliche Kindesverhältnis zum Registervater durch Anfechtungsklage beseitigt, entfällt dessen Unterhaltsverpflichtung rückwirkend auf den Zeitpunkt ihrer Entstehung. Als Folge hat der Registervater gegen den leiblichen einen Anspruch aus ungerechtfertigter Bereicherung (Ersparnisbereicherung).

BGE 129 III 646

Y und X lebten von 1980 bis 1982 im Konkubinat. 1981 brachte X den Sohn B zur Welt, welcher von Y als sein Kind anerkannt wurde. Aufgrund eines 1981 abgeschlossenen Unterhaltsvertrages bezahlte Y auch nach seiner Trennung von X weiterhin die vertraglich vereinbarten Unterhaltszahlungen. Nachdem B nach Eintritt der Mündigkeit erfolgreich die Vaterschaft von X angefochten hatte und die Vaterschaft von Z gerichtlich festgestellt wurde, klagte Y gegen Z auf Rückerstattung der noch nicht absolut verjährten Unterhaltsbeiträge aus ungerechtfertigter Bereicherung.

Gemäss der gesetzlichen Regelung kann bei der freiwilligen Bezahlung einer Nichtschuld das Geleistete nur dann zurückgefordert werden, wenn nachgewiesen wird, dass sich der Zahlende über die Schuldpflicht in einem Irrtum befunden hat (OR 63 Abs. 1). Weil Y bei der Anerkennung von B als sein Kind und beim Abschluss des Unterhaltsvertrages keine Veranlassung hatte, an seiner Vaterschaft zu zweifeln, erfolgte die Begründung der Unterhaltsverpflichtung somit irrtümlich.

Das Bundesgericht hielt weiter fest, dass bei der Rückforderung von Kinderalimenten vom Grundsatz auszugehen ist, dass nicht der Erzeuger, sondern diejenige Person für das Kind unterhaltspflichtig ist, zu der ein rechtliches Kindesverhältnis besteht. Weil im vorliegenden Fall das Gericht mittels Gestaltungsurteil, mit welchem die Anfechtungsklage gutgeheissen wurde, das rechtliche Kindesverhältnis beseitigt hatte, entfiel auch die entsprechende Unterhaltsverpflichtung, und zwar rückwirkend auf den Zeitpunkt ihrer Entstehung. Da gleichzeitig mit dem Gutheissen der Anfechtungsklage die Vaterschaft von Z gerichtlich festgestellt wurde, hat Y als ursprünglicher Registervater gegen Z als leiblichen Vater einen Anspruch aus ungerechtfertigter Bereicherung.

Darüber hinaus hielt das Bundesgericht in diesem Urteil fest, dass im Übrigen nicht ausschlaggebend ist, ob oder dass eine Person ungerechtfertigt eine Leistung erhalten hat (hier: das Kind), sondern dass jemand ungerechtfertigt bereichert ist. Der Bereicherungsanspruch setzt m.a.W. nicht voraus, dass zwischen dem Bereicherungsgläubiger und dem Bereicherungsschuldner eine unmittelbare Vermögensverschiebung stattgefunden hat; auszugleichen ist vielmehr die Bereicherung, die der Schuldner auf Kosten eines anderen erlangt hat.

Zahlung einer Nichtschuld

OR 63 Abs. 1 findet keine Anwendung, wenn eine Vertragspartei zwar in Kenntnis der Unwirksamkeit dieses Vertrages, jedoch im Vertrauen auf das Erbringen der Gegenleistung durch die andere Partei ihre eigene Leistung erbringt. Eine Rückforderung ist nur aufgrund von OR 62 Abs. 2 möglich.

BGE 115 II 28

A schloss mit B und C einen Vorvertrag über den Kauf einer noch zu erstellenden Stockwerkseinheit ab. Der Vertrag, welcher lediglich in einfacher Schriftform abgeschlossen wurde, enthielt Bestimmungen über den Kaufpreis und diverse Anzahlungen. Nachdem A bereits die zweite Anzahlung lediglich verspätet und unvollständig leistete, traten B und C vom Vertrag zurück. Daraufhin forderte A seine Anzahlungen unter Berufung auf die Formungültigkeit des Vorvertrages zurück. B machte insbesondere geltend, dass A im Zeitpunkt seiner Zahlungen Kenntnis von der Formungültigkeit des Vorvertrages hatte. Er habe sich daher nicht in einem Irrtum über die Schuldpflicht befunden. Er könne sich mithin nicht auf die Rückforderung einer bezahlten Nichtschuld nach OR 63 Abs. 1 berufen, da es an der Voraussetzung des Irrtums fehle.

Das Bundesgericht schloss sich dieser Argumentation insofern an, dass es eine Berufung auf die genannte Bestimmung ausschloss, es führte aber weiter aus, dass dies bei synallagmatischen Verträgen zu stossenden Ergebnissen führe. In solchen Fällen muss es gemäss Bundesgericht genügen, dass der bei der Leistung einer Zahlung vorausgesetzte Leistungsgrund ausbleibt. Als Leistungsgrund kommt dabei – wie im vorliegenden Fall – ein Umstand in Betracht, der kein Rechtsgeschäft darstellt.

Gestützt auf OR 62 Abs. 2, wonach eine Vermögenszuwendung auch ohne Irrtum des Leistenden über die Schuldpflicht dann ungerechtfertigt ist, wenn im Hinblick auf einen in der Folge nicht verwirklichten Grund geleistet wird, wies das Bundesgericht die Berufung ab. Die Anzahlung von A wurde in der Erwartung erbracht, dass die spätere Stockwerkseinheit auf ihn übertragen werde. Da diese Gegenleistung von B und C mit ihrem Vertragsrücktritt verweigert wurde, entfiel auch der Grund für die geleisteten Anzahlungen. A machte mithin seinen bereicherungsrechtlichen Anspruch auf Rückzahlung zu Recht geltend.

Rückforderung zu viel bezahlter Akontozahlungen

Ein allfälliger Anspruch auf Rückerstattung von zu viel bezahlten Akontozahlungen ergibt sich nicht aus ungerechtfertigter Bereicherung gemäss OR 62 ff., sondern aus Vertrag.

BGE 126 III 119

N war als Arbeitnehmer von G tätig. Gemäss Arbeitsvertrag setzte sich das Entgelt von N aus einem festen Monatsgehalt und einer Gewinnbeteiligung zusammen. Letztere wurde monatlich als Akontozahlung ausbezahlt. Während der Dauer des Arbeitsverhältnisses wurde N unter dem Titel Gewinnbeteiligung ein Betrag von CHF 30'000.– ausbezahlt. Nach der Auflösung des Arbeitsverhältnisses klagte G auf Rückzahlung der ausbezahlten Gewinnbeteiligung, weil aus dem Geschäft nie ein Gewinn resultiert habe. Die Klage des G wurde erstinstanzlich vollumfänglich gutgeheissen und in der Folge vom Obergericht – auf Appellation des N hin – um die Hälfte reduziert. Argumentiert wurde, dass die Akontozahlungen im Hinblick auf den zukünftig erwarteten Gewinn ausbezahlt worden seien. Da in der Folge ein solcher jedoch nicht erzielt worden sei, habe sich der Grund für die geleisteten Zahlungen nie verwirklicht. Das Obergericht ging deshalb von einem bereicherungsrechtlichen Anspruch aus (condictio ob causam futuram). Es wendete daher auch die verjährungsrechtliche Bestimmung von OR 67 an, weshalb der Rückforderungsanspruch bereits teilweise verjährt war. Gegen das genannte Urteil legte der Kläger beim Bundesgericht Berufung ein.

Das Bundesgericht hielt fest, dass, solange ein vertraglicher Anspruch besteht, weder beim Gläubiger eine wirtschaftliche Einbusse noch beim Schuldner eine Vermögensvermehrung eingetreten ist. Wird somit eine vertraglich geschuldete Leistung erbracht, so stellt der gültige Vertrag einen Rechtsgrund dar, weshalb der Empfänger der relevanten Leistung nicht in ungerechtfertigter Weise bereichert sein kann.

Weiter wurde festgehalten, dass nach herrschender Lehre und Praxis ein vertraglicher Anspruch einen Anspruch aus ungerechtfertigter Bereicherung ausschliesst. Da die Parteien im vorliegenden Fall ausdrücklich Akontozahlungen und eine entsprechende Abrechnungspflicht vereinbart hatten, muss daraus nach Treu und Glauben geschlossen werden, dass N zu Rückleistungen von zu viel erhaltenen Akontozahlungen verpflichtet ist. Der Rückforderungsanspruch des G aufgrund zu viel bezahlter Akontozahlungen ergibt sich demnach aus Vertrag. Ein Bereicherungsanspruch ist mithin ausgeschlossen.

Gaunerlohn

OR 66; einschränkende Auslegung auf die Fälle des eigentlichen Gaunerlohns (Änderung der Rechtsprechung).

Die Rückforderung nach OR 66 ist in Änderung der Rechtsprechung nur ausgeschlossen, wenn die Leistungen zur Anstiftung oder Belohnung eines rechts- oder sittenwidrigen Verhaltens erbracht worden sind (Gaunerlohn).

BGE 129 III 646

X (Klägerin) und Y (Beklagte) schlossen einen Vertrag über die Entsorgung von Abfällen aus der Automobilindustrie, welche in dieser Branche als «Resh» bezeichnet werden. Sie vereinbarten, zwecks «Sicherstellung von langfristigen und konkurrenzfähigen Dienstleistungen» für die Entsorgung von Resh aus den Schweizer Schredderbetrieben in Form eines Konsortiums zusammenzuarbeiten. Danach wolle das Konsortium mit dem Vertrag die Marktführerschaft in der Entsorgung von Resh ausbauen. Zu diesem Zweck werde die Klägerin die Ausführung ihrer Geschäfte an die Beklagte übertragen. Unter Ziffer 5 des Vertrages bestimmten die Parteien, dass die Klägerin von der Beklagten für die, den Kunden in Rechnung gestellten Resh CHF 20.– pro Tonne exklusive Mehrwertsteuer erhalten werde.

Die X verlangte vor Gericht, die Beklagte sei zur Rechnungslegung über die von ihr in der Zeit vom 1. Juni 2003 bis zum 31. Juli 2004 den Kunden in Rechnung gestellten Resh sowie zur Bezahlung von CHF 20.– pro Tonne zu verpflichten. Die Beklagte verlangte die Abweisung der Begehren u.a. mit der Begründung, der Konsortialvertrag sei als unzulässige Wettbewerbsabrede im Sinne des KG zu qualifizieren und aus diesem Grunde nichtig.

Das Bundesgericht führte aus: Wenn die Verpflichtungen nach dem Konsortialvertrag vom 19. Mai 2003 als unzulässige Wettbewerbsabreden im Sinne von KG 5 zu qualifizieren sein sollten, wären sie widerrechtlich und damit gemäss OR 20 nichtig. Der nichtige Vertrag entfaltet keine rechtsgeschäftlichen Wirkungen, d.h., er vermag keine vertragliche Rechtsgrundlage für die eingeklagten Ansprüche abzugeben.

Die Beschwerdeführerin beruft sich freilich auf OR 66. Nach der Rechtsprechung des Bundesgerichts schliesst OR 66 die Rückforderung nicht bloss dessen aus, was zur Anstiftung oder Belohnung eines rechts- oder sittenwidrigen Handelns des Gegners gegeben wurde (Tatbestände des «Gaunerlohnes»), sondern die Rückforderung aller Leistungen, die aufgrund eines rechts- oder sittenwidrigen Vertrages erbracht wurden.

Die Einwände der nahezu einhelligen Lehre gegen die bisherige Rechtsprechung überzeugen. Es ist in der Tat bei einem synallagmatischen Vertrag nicht einzusehen, weshalb gleichermassen an einem objektiv widerrechtlichen Rechtsgeschäft beteiligte Parteien ungleich behandelt werden sollen. Der Umstand, dass eine dieser Parteien ihre vertragliche Verpflichtung schon erfüllt hat, erscheint angesichts des Mangels in der Entstehung des Vertrages zufällig. Der eigentliche Zweck von OR 66, die Anstiftung oder Belohnung eines rechts- oder sittenwidrigen Handelns durch den Ausschluss der Rückforderung auch privatrechtlich zu sanktionieren, kommt im Wortlaut von OR 66 insofern zum Ausdruck, als für die erfolgte Leistung die «Absicht» verlangt wird, damit einen rechtswidrigen oder unsittlichen Erfolg herbeizuführen («[...] donné en vue d'atteindre un but illicite ou contraire aux moeurs», «[...] dato intenzionalmente per uno scopo contrario alla legge od ai buoni costumi»). Die in der Lehre vertretene einschränkende Auslegung auf die Fälle des eigentlichen Gaunerlohnes entspricht diesem Wortlaut und verhindert die unbefriedigende Wirkung der bisherigen ausdehnenden Interpretation, dass nämlich die unbilligen Rechtsfolgen verhältnismässig häufig aufgrund des allgemeinen Verbots offenbaren Rechtsmissbrauchs gemäss ZGB 2 dennoch nicht durchgesetzt werden. Mit der herrschenden Lehre ist daher die Rückforderung nach OR 66 nur ausgeschlossen, wenn die Leistungen zur Anstiftung oder Belohnung eines rechts- oder sittenwidrigen Verhaltens erfolgten (Gaunerlohn). Sofern der Zweck der verletzten Norm nicht eindeutig den Ausschluss der Rückerstattung bereits erbrachter Leistungen erfordert, sind diese daher im Falle der Vertragsnichtigkeit zurückzuerstatten. Die Y hat daher die Leistungen zurückzuerstatten, unabhängig davon, ob der Konsortialvertrag vom 19. Mai 2003 gegen KG 5 verstösst.

8. Teil   Die Erfüllung

A. Repetitionsfragen

Die Erfüllung

1. Eine eigentliche Definition des Begriffs der Erfüllung findet sich nicht im Gesetz. Was regelt aber das Gesetz im Zusammenhang mit der Erfüllung?
2. Was sind die Folgen der Erfüllung?

Die Person des Erfüllenden

3. Wann ist der Schuldner zur persönlichen Erfüllung verpflichtet?
4. Welche Formen der Dritterfüllung gibt es?
5. Woraus kann sich eine Pflicht zur persönlichen Erfüllung für den Schuldner ergeben?

Die Person des Erfüllungsempfängers

6. Wer ist grundsätzlich Erfüllungsempfänger?
7. Gibt es Ausnahmen vom Grundsatz, dass die Leistung an einen Dritten grundsätzlich keine Erfüllung bewirkt?
8. Welche zwei Fälle der Leistung an einen Dritten mit befreiender Wirkung werden im Gesetz unterschieden?
9. Welcher Fall der Leistung an einen Dritten mit befreiender Wirkung ist mittels Parteivereinbarung möglich?

Gegenstand der Erfüllung

10. Grundsätzlich wird ein Vertrag dadurch erfüllt, dass die vereinbarte Leistung erbracht wird. Welche Wahlrechte zugunsten des Schuldners sieht das Gesetz für den Fall vor, dass der Inhalt der Leistung von den Parteien nur ungenügend bestimmt wurde?
11. Ist der Gläubiger dazu verpflichtet, eine Teilleistung anzunehmen?

12. Welche drei Fälle, in denen der Schuldner sich auch durch Erbringung einer anderen als der ursprünglich geschuldeten Leistung befreien kann, werden unterschieden?
13. Welches ist der Hauptanwendungsfall einer Alternativermächtigung?

Ort der Erfüllung

14. Wie wird der Erfüllungsort einer geschuldeten Leistung bestimmt?
15. Welche Erfüllungsorte werden vom Gesetz unterschieden?

Zeit der Erfüllung

16. Welche zwei Begriffe werden in «zeitlicher Hinsicht» bei der Erfüllung unterschieden?
17. Welche Wirkungen hat die Erfüllbarkeit auf den Schuldner und den Gläubiger?
18. Welches sind die Folgen der Fälligkeit einer Leistung?
19. In welchen Situationen gewährt das Gesetz einer Partei das Recht, ihre Leistung zurückzubehalten?

Geldschulden

20. Welche Regelung enthält das Gesetz für den Fall der Anrechnung einer Teilzahlung, wenn der Schuldner bei demselben Gläubiger mehrere Geldschulden hat sowie allenfalls Kapital- wie auch Zinsschulden begleichen muss?

Gläubigerverzug

21. Was wird unter den *Mitwirkungshandlungen* verstanden und welches ist ihre Rechtsnatur?
22. Welches sind die Voraussetzungen für den Gläubigerverzug?
23. Wann gilt eine Mitwirkungshandlung als *ungerechtfertigt* verweigert?
24. Welches sind die Rechtsfolgen eines Gläubigerverzugs?
25. Kann der Verzug des Gläubigers auch zu einer Vertragsverletzung führen?

B. Übungsfälle

Übungsfall 1: Die verkaufte Bäckerei

Frau Tresse verkauft ihr Geschäft «Bäckerei zum Tor, Anna Tresse» zum Preis von CHF 200'000.– zahlbar in zwei Raten mit fixierten Fälligkeitsdaten an den Jungbäcker Franz Roggen. Tresse verpflichtet sich vertraglich, ihren Namen im Zusammenhang mit der eingetragenen Einzelfirma im Handelsregister zu löschen. Kann Tresse nach Eintritt des zweiten Fälligkeitsdatums mit Erfolg die Bezahlung der zweiten Rate des Kaufpreises von Roggen einfordern, obwohl sie ihren Namen im Handelsregister nicht gelöscht hat?
(*Sachverhalt und Lösung angelehnt an BGE 127 III 199.*)

Übungsfall 2: Falschlieferung oder Schlechterfüllung

In den folgenden Fällen ist jeweils zu beurteilen, ob eine Falschlieferung (aliud) oder eine Schlechterfüllung (peius) vorliegt.

a) Mazzotta, ein Sammler von Schweizer Videokunst, schliesst mit einer Zürcher Galerie einen Kaufvertrag über ein neues Video der Künstlerin Pipilotti Rist ab. Das ihm in der Folge via Kurier zugestellte Video stammt aber vom Künstlerduo Fischli/Weiss.

b) Herr Bär bestellt für seinen Lebensmittelladen 30 kg Äpfel der Sorte Golden Delicious. Geliefert werden ihm aber 30 kg Red Delicious.

c) Die von Herrn Bär für seinen Lebensmittelladen bestellten und gelieferten 30 kg Golden Delicious sind gar nicht golden, sondern vielmehr von der Fäulnis zerfressen.

Übungsfall 3: Erfüllung einer Geldzahlung

F mietet von K die Trendbar «Wallpaper» in Zürich. Als monatlich im Voraus zu begleichenden Mietzins legen die Parteien CHF 19'000.– fest. Als F im ersten Vertragsmonat die Miete bis zum 10. noch nicht bezahlt hat, setzt ihm K eine 30-tägige Nachfrist an. Gleichzeitig droht K dem F an, den Vertrag nach Fristablauf zu kündigen. Die Nachfrist endet am 12. des Folgemonates. Am Abend jenes Tages erstattet F den geschuldeten Mietzins mittels Postanweisung an K. Gestützt auf OR 257d Abs. 2 kündigt daraufhin K dem F den Mietvertrag. F kommt zu Ihnen und bittet Sie um Hilfe. Er ist der Ansicht, den Mietzins rechtzeitig beglichen zu haben, weshalb die ausserordentliche Kündigung unrechtmässig erfolgt sei. Können Sie ihm aufgrund der Bestimmungen des OR AT helfen?

(Sachverhalt und Lösung angelehnt an BGE 119 II 232.)

Übungsfall 4: Die Mezzosopranistin

Die Mezzosopranistin Cecilia B. wurde für die Oper «La Sonnambula» im Zürcher Opernhaus engagiert. Da sie nun überraschend an die Grammy-Verleihung eingeladen wurde, fragt sie ihre deutsche Kollegin Nadja M. an, ob sie sie vertreten würde. Wäre eine solche Vertretung zulässig?

C. Bundesgerichtliche Leitentscheide

Teilleistungen; Anrechnung von Teilzahlungen (OR 69, 85)

OR 69 Abs. 1 auferlegt dem Gläubiger, eine Teilleistung anzunehmen, wenn der Schuldner einen Teil der Forderung anerkennt und den von ihm verlangten Restbetrag bestreitet. Wenn der Schuldner die Zinsen und die Kosten der Hauptforderung bestreitet, ohne dass er rechtsmissbräuchlich handelt, muss seine Teilzahlung auf das Kapital angerechnet werden, das er anerkennt.

BGE 133 III 598

In seinem Urteil 4C.21/2004 vom 12. Januar 2005 hat das Bundesgericht den Verein verurteilt, der X SA CHF 763'446.05 zuzüglich Zinsen von 6,5% jährlich seit 30. September 1998 zu bezahlen. Die vorliegende Streitigkeit bezieht sich auf die Art, wie die drei Teilzahlungen von CHF 149'700.–, CHF 86'131.– und CHF 247'206.30, die der Verein der Klägerin am 11. November 1998, am 19. Juli 2000 und am 12. Dezember 2002 geleistet hat, auf diesen Betrag anzurechnen sind.

Der Grundsatz von OR 69 Abs. 1 erlaubt dem Gläubiger, eine Teilzahlung abzulehnen. Das Bundesgericht hält allerdings fest, dass OR 69 Abs. 1 vom Gläubiger verlangt, eine Teilzahlung anzunehmen, wenn der Schuldner einen Teil der Forderung anerkennt und den vom ihm verlangten Restbetrag bestreitet.

Das Bundesgericht hatte deshalb zu prüfen, in welchem Umfang die Gesamtschuld durch die verschiedenen vom Verein geleisteten Teilzahlungen getilgt wurde.

Wenn der Gläubiger grundsätzlich das Recht hat, eine Teilzahlung abzulehnen, darf er keinen Schaden erleiden, falls er die Erfüllung eines Teiles seiner Forderung akzeptiert. Hier greift OR 85 ein. Die vorgängige Anrechnung auf die Zinsen und die Kosten setzt gemäss dem Wortlaut von OR 85 Abs. 1 voraus, dass der Schuldner mit der Bezahlung der genannten Nebenrechte im Rückstand ist. Wenn dagegen die Zinsen und Kosten der Hauptforderung vom Schuldner bestritten werden, ohne dass diese Bestreitung rechtsmissbräuchlich erfolgt, äussert sich die einhellige Lehre dahin, dass die Anrechnung der Teilzahlung des Schuldners auf das von ihm anerkannte Kapital erfolgen muss. OR 69 Abs. 2, wonach der Schuldner die Zahlung des von ihm anerkannten Teiles der Schuld nicht verweigern kann, wenn der Gläubiger eine Teilzahlung annehmen will, gilt in diesem Fall als Spezialbestimmung, die OR 85 Abs. 1 vorgeht. Bei einer solchen Ausgangslage hat der Gläubiger die Pflicht, die Teilleistung des Schuldners anzunehmen und sie auf die Hauptschuld anzurechnen.

Abgrenzung zwischen Falschlieferung (aliud) und Schlechtlieferung (peius)

Beim Gattungskauf ist im Gegensatz zum Stückkauf keine individuell bestimmte Sache geschuldet, wobei stets von einem relativen Gattungsbegriff auszugehen ist, welcher sich nach der Umschreibung der geschuldeten Sache im Kaufvertrag richtet.

BGE 121 III 453

H und M vereinbarten in einem schriftlichen Kaufvertrag die Lieferung eines Occasionshubstaplers eines bestimmten Typs gegen Bezahlung von CHF 28'000.–. Im Kaufvertrag wurde explizit festgelegt, dass der Hubstapler über ein Automatikgetriebe verfügen müsse. Zehn Tage nach Abschluss des Vertrages lieferte H einen Hubstapler des vereinbarten Typs, welcher aber nicht über ein Automatikgetriebe verfügte. M verweigerte darauf die Annahme und trat vom Kaufvertrag zurück. H sicherte M daraufhin eine korrekte Ersatzlieferung zu, welche kurz darauf bei M eintraf. M verweigerte auch die Annahme der Ersatzlieferung, woraufhin H die Kaufpreisforderung in Betreibung setzte. Nachdem M Rechtsvorschlag erhob, klagte H die Kaufpreisforderung vor der zuständigen kantonalen Instanz ein. Seine Klage wurde von der ersten kantonalen Instanz abgewiesen. Daraufhin appellierte H an das Obergericht des betreffenden Kantons, welches den erstinstanzlichen Entscheid aufhob und M zur Zahlung des Kaufpreises verurteilte. Vor Bundesgericht rügte M insbesondere, dass das Obergericht den vorliegenden Kaufvertrag als Gattungskauf qualifizierte.

Das Bundesgericht führte hierzu aus, dass sich ein Gattungskauf im Gegensatz zum Stückkauf dadurch auszeichnet, dass der Verkäufer keine vertraglich individualisierte, sondern eine nur der Gattung nach bestimmte Sache schuldet. Da im vorliegenden Kaufvertrag keine individuell bestimmte Sache geschuldet war, stützte das Bundesgericht das Urteil des Obergerichts, welches davon ausging, dass ein Gattungskauf vorlag.

Das Bundesgericht hielt weiter mit Verweis auf OR 71 Abs. 1 fest, dass eine gelieferte Sache bei dieser Art des Kaufes nur dann der Kaufsache entspricht, wenn sie die vereinbarten Gattungsmerkmale aufweist. Das Gericht stellte sich in der Folge die Frage, welcher Gattungsbegriff schlussendlich massgebend sei.

In Bestätigung seiner Rechtsprechung hielt es an einem relativen Gattungsbegriff fest. Dieser richtet sich nach der Umschreibung der geschuldeten Sache im Kaufvertrag, wobei der relative Gattungsbegriff – wenn ein tatsächlicher übereinstimmender Parteiwille nicht feststeht – nach dem Vertrauensprinzip auszulegen ist. Als Konsequenz dieses Gattungsbegriffs stellt jede gelieferte Sache, welche nicht sämtliche von den Parteien vereinbarten Gattungsmerkmale aufweist, nicht die geschuldete, sondern eine andere Sache – ein aliud – dar.

Basierend auf dieser Argumentation qualifizierte das Bundesgericht die Vereinbarung der Parteien, dass der Hubstapler über ein Automatikgetriebe verfügen müsse, als ein gattungsbestimmendes Merkmal. Es bestätigte in der Folge die Ansicht der Vorinstanz, dass der Hubstapler, welcher anstatt eines Automatik- ein Handschaltgetriebe aufwies, ein aliud darstellte. Der gelieferte Hubstapler bildete somit keine Schlecht-, sondern eine Nichterfüllung. Aus diesem Grund war die Frage, ob der von M erklärte Vertragsrücktritt zulässig war, nach den Verzugsregeln zu beurteilen. Da M den H nicht gemahnt und ihm auch keine Frist zur nachträglichen Erfüllung angesetzt hatte, war ein Vertragsrücktritt gemäss OR 107 Abs. 2 ausgeschlossen. H erfüllte somit mit der Lieferung des entsprechenden Hubstaplers den Vertrag.

Das Bundesgericht hielt abschliessend fest, dass die Vorinstanz, indem sie die Klage des H auf Zahlung des Kaufpreises guthiess, kein Bundesrecht verletzt hatte.

Sicherstellung der Gegenleistung

Gemäss OR 83 kann diejenige Vertragspartei, deren Anspruch durch die Verschlechterung der Vermögenslage der anderen Vertragspartei gefährdet wird, Sicherstellung verlangen und – wenn diese nicht binnen angemessener Frist geleistet wird – vom Vertrag zurücktreten.

BGE 105 II 28

Die Banque de crédit international Genève (BCI) und die Seattle-First National Bank (SFN) vereinbarten ein Devisentermingeschäft über USD 10'000'000.–. Sechs Tage vor dem Erfüllungstag ersuchte die BCI das zuständige Gericht um Gewährung einer Stundung im Sinne der BankG 29 ff. und schloss ihre Schalter. Nachdem die SFN tags darauf von der Stundung erfuhr, übermittelte sie der BCI ein Fernschreiben, in dem sie der BCI unter Hinweis auf OR 83 Abs. 2 und OR 107 eine knapp 20-stündige Frist ansetzte, um ihre Leistung aus dem Devisentermingeschäft sicherzustellen. Da eine solche Sicherstellung innert Frist nicht erfolgte, trat die SFN fernschriftlich vom Vertrag zurück. Über die BCI wurde daraufhin das Nachlassverfahren eröffnet. Eine Klage der BCI gegen die SFN auf Zahlung des aus dem Dahinfallen des Devisentermingeschäfts entstandenen Schadens wurde vom Handelsgericht des Kantons Zürich abgewiesen. In der Folge erklärte die BCI Berufung an das Bundesgericht. Die BCI stellte sich unter anderem auf den Standpunkt, dass zwischen den Parteien ein Vertrag vereinbart gewesen sei, welcher Zug um Zug zu erfüllen gewesen wäre. Die Klägerin sah daher keinen Raum für die Anwendung von OR 83, sondern hielt OR 82 für anwendbar.

Das Bundesgericht hielt fest: Wenn bei einem zweiseitigen Vertrag beide Leistungen gleichzeitig zu erfüllen sind, kann nach OR 82 nur derjenige den andern zur Erfüllung anhalten, der seinerseits geleistet oder seine Leistung angeboten hat. Von anderen Voraussetzungen geht demgegenüber OR 83 aus. Gemäss dieser Bestimmung kann diejenige Partei, deren Anspruch durch die Verschlechterung der Vermögenslage der anderen gefährdet wird, Sicherstellung verlangen und – wenn diese nicht binnen angemessener Frist geleistet wird – vom Vertrag zurücktreten. OR 83 gibt mithin derjenigen Vertragspartei, welche sich durch die Verschlechterung der Vermögenslage des Vertragsgegners vor veränderte Verhältnisse gestellt sieht, die Möglichkeit, die Gefährdung ihres Anspruchs abzuwenden.

Das Bundesgericht hielt weiter fest, dass die nach OR 83 anzusetzende Frist durchaus schon abgelaufen sein kann, bevor eine der Parteien gemäss dem

Vertrag hätte ihre Leistung erfüllen sollen. Auf diese Weise könne sich der von der Zahlungsunfähigkeit des Vertragsgegners überraschte Gläubiger rechtzeitig darüber Klarheit verschaffen, ob er überhaupt noch mit der Erfüllung des Geschäfts rechnen kann.

Entgegen der Ansicht der klagenden BCI hielt das Bundesgericht fest, dass es für die Anwendung des OR 83 nicht darauf ankomme, ob die Vertragsparteien gleichzeitig zu erfüllen haben oder nicht. Massgebend für die Anwendung dieser Bestimmung ist nach dem höchstrichterlichen Urteil daher allein, ob durch die Verschlechterung der Vermögenslage des Schuldners Ansprüche des Gläubigers gefährdet sind. Da dies vorliegend erwiesen war, konnte die SFN nach Ablauf der angesetzten Frist den Vertrag mit der BCI gestützt auf OR 83 Abs. 2 auflösen. Für den Schadenersatzanspruch der BCI blieb deshalb kein Raum.

Gläubigerverzug (OR 91 ff.)

OR 93, GestG 11; Bewilligung eines Selbsthilfeverkaufs; örtliche Zuständigkeit. Zweck des Selbsthilfeverkaufs nach OR 93.

BGE 136 III 178

Die X ist Eigentümerin eines vierstrahligen Geschäftsreiseflugzeugs. Dieses befindet sich auf dem Gelände des Flughafens Genf-Cointrin, wo es von der Y gewartet und instand gestellt wurde. Die Y forderte die X mehrmals erfolglos auf, das fertiggestellte Flugzeug abholen zu lassen.

Die Y ersuchte um Bewilligung der öffentlichen Versteigerung. Der Einzelrichter bewilligte die öffentliche Versteigerung und setzte die Androhungsfrist auf sechs Wochen fest. Als Versteigerungsort bestimmte er Genf.

Ist nach der Beschaffenheit der Sache oder nach der Art des Geschäftsbetriebs eine Hinterlegung nicht tunlich oder ist die Sache dem Verderben ausgesetzt oder erheischt sie Unterhaltungs- oder erhebliche Aufbewahrungskosten, so kann der Schuldner nach vorgängiger Androhung mit Bewilligung des Richters die Sache öffentlich verkaufen lassen und den Erlös hinterlegen (OR 93 Abs. 1).

Der Selbsthilfeverkauf bildet eine besondere Form der Hinterlegung. Der Selbsthilfeverkauf bezweckt, eine nicht hinterlegungsfähige Sache durch eine hinterlegungsfähige zu ersetzen. Die Befreiung des Schuldners tritt dabei nicht bereits mit dem Verkauf der Sache, sondern erst mit der Aushändigung des Verkaufserlöses an den Gläubiger oder bei Annahmeverweigerung mit der Hinterlegung ein. Der Schuldner kann sich ferner dadurch befreien, dass er den Verkaufserlös mit einer Geldforderung gegen den Gläubiger verrechnet.

Die X macht geltend, es liege keine Sachleistung vor. Als Rechtsbehelf stehe dem Schuldner nur der Rücktritt vom Vertrag nach OR 95 offen.

Ist eine andere als eine Sachleistung geschuldet, z.B. eine Arbeits- oder Dienstleistung, scheidet eine Hinterlegung (mit oder ohne vorausgehendem Selbsthilfeverkauf) selbstredend aus. Es gibt nichts Körperliches, das hinterlegt werden könnte. In diesem Fall greift der Rechtsbehelf des Vertragsrücktritts nach OR 95. Dieser dient insbesondere dem Unternehmer im Rahmen eines Werkvertrags, wenn der Besteller durch die Verweigerung der ihm obliegenden Vorbereitungshandlungen Beginn oder Vollendung des Werks verhindert. Das Bundesgericht hielt aber fest, dass die Situation anders sei bei Werkverträgen, welche die Reparatur oder die Wartung einer Sache zum Gegenstand haben, die der Schuldner in Besitz erhalten hat und die er nach Werkvollendung dem Gläubiger zurückgeben soll. Ist dem Schuldner die Rückgabe der Sache wegen des Gläubigerverzugs verunmöglicht, muss ihm eine Hinterlegung nach den OR 92–94 gestattet sein. Die Nebenpflicht zur Rückgabe der Sache beschlägt eine Sachleistung im Sinne von OR 93.

Gläubigerverzug bei Sukzessivlieferungsvertrag

Eine Verbaloblation kann ausreichend sein, wenn die Gegenpartei die zur Erfüllung der Schuld nötigen Vorbereitungshandlungen unterlässt, indem sie sich beim Sukzessivlieferungsvertrag weigert, die Ware abzurufen.

BGE 111 II 463

D und L schlossen miteinander einen Vertrag ab, in welchem sich D verpflichtet dem L Fichten- und Föhrenrohhobler schwedischer Herkunft zu liefern. Da L mit den erfolgten Teillieferungen nicht zufrieden war, verweigerte er die Annahme weiterer Lieferungen. D klagte hierauf L auf Zahlung von CHF 310'000.– ein. Das angerufene Bezirksgericht schützte die Klage vollumfänglich. Dahingegen wies das Obergericht auf Berufung des Beklagten hin die Klage ab mit der Begründung, die Klägerin könne erst dann Leistung des Kaufpreises fordern, wenn sie sich von ihren eigenen Leistungen durch Hinterlegung oder eine ähnliche Handlung befreit habe. Daraufhin gelangte die Klägerin mit Berufung ans Bundesgericht.

Das Bundesgericht führte unter anderem aus, dass OR 82 in der Regel Realoblation verlange, dass aber ausnahmsweise auch Verbaloblation genügen könne. Die Lehre verweist in diesem Zusammenhang auf die Voraussetzungen, welche erfüllt sein müssen, damit der Schuldner mittels Verbaloblation den Gläubiger nach OR 91 in Verzug bringen könne. Danach sei Verbaloblation ausreichend, wenn die Gegenpartei die zur Erfüllung der Schuld nötigen Vorbereitungshandlungen unterlässt, indem sie sich beispielsweise bei einem Sukzessivlieferungsvertrag weigert, die Ware abzurufen. Dasselbe gelte bei der sogenannten antizipierten Annahmeverweigerung, bei welcher die Gegenpartei von vornherein nicht bereit ist, die Leistung anzunehmen. Unter diesen Voraussetzungen genüge Verbaloblation, um die Kaufpreisforderung fällig werden zu lassen.

Im vorliegenden Fall mahnte die Klägerin den Beklagten mehrmals schriftlich, die Abholungsdaten einzuhalten. Der Beklagte weigerte sich, die vorgesehenen Lieferungen anzunehmen. Selbst im Prozess erklärte die Klägerin, bei Gutheissung der Klage Zug um Zug leisten zu wollen. Die Klägerin erbrachte mithin selbst dann noch Verbaloblation, als der Beklagte sich wiederholt geweigert hatte, die Ware abzurufen und anzunehmen. Das Bundesgericht führte aus, dass somit Verbaloblation nicht nur vorlag, sondern dass diese unter den konkreten Umständen auch geeignet war, dem Beklagten die Einrede aus OR 82 abzuschneiden. Eine Hinterlegung der Klägerin war daher weder nach OR 82 noch um den Beklagten in Gläubigerverzug zu setzen notwendig. Aus diesem Grund hob das Bundesgericht das Urteil der Vorinstanz auf.

9. Teil Die Erfüllungsstörungen

A. Repetitionsfragen

Anspruch auf Vertragsleistung

1. Was ist die primäre Rechtsfolge, wenn es nicht zu einer vertragsgemässen Erfüllung kommt?

Voraussetzungen der Schadenersatzpflicht nach OR 97 Abs. 1

2. Welches sind die vier wesentlichen Tatbestandsmerkmale, aus welchen sich der Tatbestand von OR 97 Abs. 1 zusammensetzt?
3. Wann liegt *Unmöglichkeit* der Vertragserfüllung vor?
4. Welche Arten der Unmöglichkeit werden differenziert?
5. Welches sind die Rechtsfolgen der verschiedenen Unmöglichkeiten?
6. Was wird unter positiver Vertragsverletzung verstanden?
7. Welche zwei Sachverhalte werden bei der nichtgehörigen Erfüllung unterschieden?
8. In welchem Verhältnis stehen die Ansprüche aus Erfüllungsstörung zu den Ansprüchen aus Delikt (OR 41 ff.)?
9. In welchem Verhältnis stehen die Ansprüche aus Vertragsverletzung zu den Ansprüchen aus ungerechtfertigter Bereicherung (OR 62 ff.)?
10. Was wird unter dem Begriff *«Schaden»* verstanden?
11. Nach welcher Theorie wird der Schaden grundsätzlich berechnet?
12. Worin bestehen die unterschiedlichen Berechnungsweisen des *positiven* und *negativen Vertragsinteresses*?
13. Welches Ziel wird mit dem Erfordernis des *adäquaten Kausalzusammenhangs* verfolgt?
14. Wie lautet die bundesgerichtliche Definition für den adäquaten Kausalzusammenhang?

15. Was ist die Besonderheit der Voraussetzung des *Verschuldens* bei der vertraglichen Haftung?
16. Welche drei Formen von Verschulden werden unterschieden?
17. In welchen Fällen haftet der Schuldner auch ohne eigenes Verschulden?

Rechtsfolgen der Nichterfüllung und der positiven Vertragsverletzung

18. Was ist der Unterschied zwischen dem Anspruch auf Schadenersatz bei *Unmöglichkeit* und dem Anspruch auf Schadenersatz bei *positiver Vertragsverletzung*?
19. Für welches Mass des Verschuldens hat der Schuldner grundsätzlich einzustehen und gibt es allenfalls Ausnahmen hiervon?
20. Auf welche Bestimmungen verweist das Gesetz bezüglich der Bemessung des Schadenersatzes bei Nichterfüllung oder positiver Vertragsverletzung?
21. Wer hat die Höhe des Schadens zu beweisen und wer bestimmt die Art und Grösse des Schadenersatzes?
22. Was bedeutet der Grundsatz: «Ein Schadensfall soll nicht zum Glücksfall werden»?
23. Welche Bestimmungen werden konkret vom Verweis in OR 99 Abs. 3 erfasst?
24. Was ist unter «Wegbedingung der Haftung» zu verstehen?
25. Welche Grenzen legt das Gesetz bezüglich der Wegbedingung der Haftung fest?

Haftung des Schuldners für seine Hilfspersonen (OR 101)

26. Inwiefern ist der Begriff der «Hilfspersonenhaftung» missverständlich?
27. Welcher Gedanke liegt den Vorschriften bezüglich der Hilfspersonenhaftung zugrunde?
28. Wer wird als Hilfsperson bezeichnet?
29. Muss die Hilfsperson zum Schuldner in einem Subordinationsverhältnis stehen?
30. Was ist damit gemeint, wenn das Gesetz in OR 101 von «in Ausübung ihrer Verrichtung» spricht?

31. Welche weitere Voraussetzung muss erfüllt sein, damit ein Schuldner für den durch seine Hilfsperson verursachten Schaden einstehen muss?
32. Inwiefern ist die Haftungslage bei der Hilfspersonenhaftung von der Haftung für den Substituten im Auftragsrecht abzugrenzen?
33. Gibt es Indizien dafür, wann eine Hilfsperson und wann ein Substitut vorliegt?

Unverschuldete nachträgliche Unmöglichkeit (OR 119)

34. Was wird gemäss OR 119 Abs. 1 vorausgesetzt, damit eine unverschuldete nachträgliche Unmöglichkeit vorliegt?
35. Welches ist die grundsätzliche Rechtsfolge der unverschuldeten nachträglichen Unmöglichkeit?
36. Gibt es Ausnahmen von den eben genannten Rechtsfolgen der unverschuldeten nachträglichen Unmöglichkeit?
37. Was wird unter einem *stellvertretenden commodum* verstanden?

Schuldnerverzug

38. Was wird unter dem Begriff «Schuldnerverzug» verstanden?
39. Inwiefern unterscheiden sich der *Eintritt* und die *Konsequenzen* des Schuldnerverzuges in Bezug auf das Verschulden?
40. Welches sind die vier Voraussetzungen für den Eintritt eines Schuldnerverzuges?

Verzugsfolgen im Allgemeinen

41. Welche beiden verschuldens*abhängigen* Rechtsfolgen hat der Schuldnerverzug?
42. Was ist unter der Zufallshaftung zu verstehen und wie kann sich allenfalls der Schuldner davon exkulpieren?
43. Welche Folgen des Schuldnerverzuges treten *unabhängig* von einem Verschulden ein?

Verzugsfolgen im synallagmatischen Vertrag

44. Welches ist die Voraussetzung für das Ausüben der Wahlrechte gemäss OR 107 ff.?
45. Unter welchen Voraussetzungen kann auf die Ansetzung einer Nachfrist verzichtet werden?
46. Das Gesetz sieht grundsätzlich zwei Wahlrechte des Gläubigers vor. Das erste Wahlrecht kann er nach erfolglosem Ablauf der Nachfrist geltend machen. Worin besteht dieses erste Wahlrecht?
47. Hat sich der Gläubiger für den Verzicht auf die Leistung entschieden, so kommt das zweite Wahlrecht zur Anwendung. Welche Varianten stehen dem Gläubiger zur Wahl offen?
48. Welches dritte Wahlrecht, das im Gesetz nicht ausdrücklich erwähnt ist, kann der Gläubiger weiter geltend machen?

B. Übungsfälle

Übungsfall 1: Rosen zum Valentinstag

Herr Fischer bestellt am Valentinstag für seine Freundin beim Blumenkurierdienst FleuRun 50 rote Rosen. Nachdem die Blumen noch am selben Tag ausgeliefert wurden, erhielt Herr Fischer eine Rechnung mit einer Frist zur Begleichung innert 10 Tagen zugestellt. Da die Freundin von Herrn Fischer diesen am Tag danach verlässt, denkt er nun nicht im Traum daran, diese Rechnung zu bezahlen. Was kann FleuRun nach Ablauf der Zahlungsfrist unternehmen?
(Das SchKG ist bei der Lösung nicht zu berücksichtigen.)

Übungsfall 2: Der verunfallte Essayist

Über das Internet hat sich Frau Gehrig ein Ticket für die nächste Lesung des berühmten Essayisten H. E. gekauft. Das entsprechende Ticket wird ihr innert zwei Tagen per Post zugestellt. Am Tag, an dem sie das Ticket über das Internet bestellt hat, erfährt sie in den Abendnachrichten, dass der junge Essayist bei einem tragischen Verkehrsunfall am frühen Morgen ums Leben gekommen sei. Welche Art der Erfüllungsstörung liegt vor?

Übungsfall 3: Schachspiel-Knacknuss

Herr Babrov hat sich auf den Vertrieb von Kombinationsspielen spezialisiert. Um rechtzeitig für das Weihnachtsgeschäft gewappnet zu sein, bestellt er bereits im April 400 Schachbretter aus hochwertigem Samena-Holz bei einem spezialisierten Produzenten in Thailand. Die Lieferung hat gemäss Vertrag Ende Juni zu erfolgen. Babrov bezahlt dafür CHF 100'000.–, wobei CHF 50'000.– sofort und CHF 50'000.– bei Ablieferung fällig werden. Anfang Juni meldet sich der Produzent bei Babrov und teilt ihm mit, dass er mit grossen Schwierigkeiten bei der Beschaffung des notwendigen Holzes konfrontiert sei und sich daher die Lieferung um mehrere Monate verzögern werde. Nachdem die Lieferung im September immer noch nicht erfolgte und sich Babrov langsam Sorgen um das Weihnachtsgeschäft macht, entschliesst er sich, die Schachbretter anstatt aus Samena-Holz bei einem Produzenten in Italien aus Marmor herstellen zu lassen. Babrov kommt nun zu Ihnen und fragt Sie, wie er am besten vorgehen müsse, um aus dem bestehenden Vertrag herauszukommen.

C. Bundesgerichtliche Leitentscheide

Höherbaubeschränkung

Subjektive Leistungsunmöglichkeit besteht erst, wenn das Leistungshindernis für den Schuldner geradezu unüberwindbar ist. Fehlende Verfügungsmacht über den Leistungsgegenstand führt zu Leistungsunmöglichkeit, wenn aussichtslos erscheint, dass der Schuldner sie zurückerlangen kann.

BGE 135 III 212

Die X AG hatte sich als Stockwerkeigentümerin vertraglich zur Einhaltung einer Höhenbeschränkung eines Neubaus verpflichtet. Dies hielt sie nicht ein. Die Dachaufbauten, welche die Höherbaubeschränkung übersteigen, sind gemeinschaftliche Bauteile der im Stockwerkeigentum stehenden Liegenschaft. Nach den entsprechenden gesetzlichen Bestimmungen gibt es keine Befugnis des Stockwerkeigentümers zu eigenmächtigen Umbauarbeiten an gemeinschaftlichen Teilen. Erforderlich ist demnach die Zustimmung der Mehrheit aller Miteigentümer, zumal es sich dabei in casu weder um eine gewöhnliche Verwaltungshandlung noch – aus Sicht der Stockwerkeigentümer – um eine notwendige Änderung handelt.

Das Bundesgericht hielt fest: Kann die Erfüllung einer Forderung nach Vertragsschluss überhaupt nicht mehr bewirkt werden, liegt ein Fall nachträglicher Unmöglichkeit vor. Dabei ist zwischen objektiver und subjektiver Unmöglichkeit zu unterscheiden. Erstere ist gegeben, wenn niemand mehr in der Lage ist, die Forderung zu erfüllen; letztere, wenn die Erfüllung zwar an sich möglich, aber der Schuldner dazu ausserstande ist. Die Leistung ist namentlich dann subjektiv unmöglich, wenn nach Treu und Glauben im Verkehr dem Schuldner die weitere Erfüllung nicht mehr zumutbar ist. Dabei genügt jedoch nicht, dass die Leistung bloss erheblich erschwert ist; das Leistungshindernis muss sich für den Schuldner vielmehr als geradezu unüberwindbar herausstellen. Nach der Rechtsprechung des Bundesgerichts kann das Leistungshindernis in der nachträglich weggefallenen Verfügungsmacht des Schuldners über den Leistungsgegenstand bestehen. Dabei ist einschränkend zu präzisieren, dass das Leistungshindernis für den Schuldner erst dann unüberwindbar wird, wenn dieser überhaupt keine Möglichkeit mehr hat, die Verfügungsmacht zurückzuerlangen oder die zur Leistungserfüllung notwendigen Zustimmungen der Verfügungsberechtigten einzuholen.

Weil im vorliegenden Fall die Zustimmung der übrigen Stockwerkeigentümer rechtlich nicht erzwungen werden konnte, lag deshalb ein Fall von verschuldeter subjektiver Unmöglichkeit i.S.v. OR 97 vor.

Freizeichnungsklausel im Bankgeschäft

Ein im Voraus erklärter Verzicht auf Haftung für leichtes Verschulden kann vom Richter als nichtig erachtet werden, wenn die entsprechende Verantwortlichkeit aus dem Betrieb eines obrigkeitlich konzessionierten Gewerbes folgt.

BGE 109 II 116

A, B und C gründeten zusammen die Aktiengesellschaft X. A und C unterzeichneten das Unterschriftenmuster für die Bank, bei welcher sie ein Konto für die Aktiengesellschaft unterhielten. Auf der entsprechenden Unterschriftenkarte anerkannten A und C unterschriftlich, von den «besonderen Bedingungen für das vorstehende Konto» Kenntnis genommen, ein Exemplar der allgemeinen Geschäftsbedingungen erhalten zu haben und mit den entsprechenden Bedingungen und denjenigen, welche auf der Rückseite der Unterschriftenkarte abgedruckt waren, einverstanden zu sein. Auf der Rückseite der Unterschriftenkarte war explizit vermerkt, dass der Kontoinhaber die mit dem Nichterkennen von gefälschten Unterschriften verbundenen Risiken trage. In der Folge liess sich C über CHF 20'000.– zulasten des Gesellschaftskontos auszahlen, und zwar indem er auf den vorgelegten Quittungen jeweils die Unterschrift des A nachahmte. Daraufhin klagte die Aktiengesellschaft gegen die Bank auf Schadenersatz. Die Klage wurde sowohl auf kantonaler Ebene wie auch vor Bundesgericht nicht gestützt, insbesondere weil die beklagte Bank als Beauftragte keine Sorgfaltspflichten verletzt hatte.

Das Bundesgericht befasste sich unter anderem mit der Frage, ob die zuständigen Bankangestellten die Fälschungen des C unter Anwendung pflichtgemässer Aufmerksamkeit hätten erkennen müssen, und ob die Bank diesfalls die Haftung gemäss der Freizeichnungsklausel beschränken oder sogar ausschliessen durfte. Das Gericht führte aus, dass gemäss OR 100 die Haftung für rechtswidrige Absicht oder grobe Fahrlässigkeit nicht vertraglich wegbedungen werden darf und dass der Richter darüber hinaus einem im Voraus erklärten Verzicht auf Haftung für leichtes Verschulden dann als nichtig betrachten kann, wenn die Verantwortlichkeit aus dem Betrieb eines obrigkeitlich konzessionierten Gewerbes folgt. In den Erwägungen verweist das Bundesgericht auf die Lehre, welche seit einigen Jahren mehrheitlich die Auffassung vertrat, dass eine Anwendung von OR 100 Abs. 2 sowie OR 101 Abs. 3 auf Banken folgerichtig wäre, weil die Privatbanken zu ihrem Betrieb jedenfalls eine Polizeierlaubnis benötigten und der zivilrechtliche Begriff der obrigkeitlichen Konzession im Sinne der angeführten Bestimmungen weiter gehe als der öffentlich-rechtliche und auch auf Erwerb gerichtete Betriebe umfasse, wenn sie einer solchen Erlaubnis bedürften. Das Bundesgericht führte weiter aus, dass die Auffassung der im Entscheid erwähnten Autoren, welche eine Anwendung der OR 100 Abs. 2 und OR 101 Abs. 3 auf Banken befürworten, einiges für sich habe, insbesondere wenn die Bestimmungen zeitgemäss ausgelegt werden. Da im relevanten Fall aber feststand, dass die Beklagte ihre Sorgfaltspflicht bei der Prüfung der Unterschriften nicht fahrlässig verletzt hatte, liess das Bundesgericht die Frage in diesem Entscheid offen. Wenige Jahre nach diesem Bundesgerichtsentscheid hielt das Gericht in einem Fall, in welchem es um die Verantwortlichkeit einer Bank ging, welche ihr von einem Bankkunden anvertraute Gelder einem nichtermächtigten Dritten ausbezahlte, fest, dass der Betrieb einer Bank der Ausübung eines obrigkeitlich konzessionierten Gewerbes im Sinne von OR 100 Abs. 2 gleichzusetzen ist (BGE 112 II 450).

Haftung des Arztes als Hilfsperson eines Sanatoriums

Knüpft ein behandelnder Arzt mit einer bei ihm in psychiatrischer Behandlung stehenden Patientin ein nach den gegebenen Umständen aussichtsloses Liebesverhältnis und erwächst der Patientin daraus ein Schaden, so ist davon auszugehen, dass die entsprechenden Handlungen nicht nur bei Gelegenheit der ärztlichen Verrichtungen, sondern in Ausübung derselben begangen wurden. Das Sanatorium, welches den betreffenden Arzt zur Behandlung der Patientin beigezogen hat, muss somit für den Schaden einstehen.

BGE 92 II 15

X war aufgrund schwerer psychischer Störungen im privaten Nervensanatorium Z untergebracht. Sie befand sich dort in Behandlung des Assistenzarztes Y. Während der Behandlung entstand zwischen Y und X eine Liebesbeziehung. Nachdem der Chefarzt des Sanatoriums Z von diesem Sachverhalt Kenntnis erhalten hatte, kündigte er Y unverzüglich.

Y wurde daraufhin wegen Unzucht mit einem Anstaltspflegling im Sinne von StGB 193 Abs. 2 zu einer bedingten Gefängnisstrafe verurteilt.

X und ihr Vater klagten in der Folge Z gestützt auf OR 101 (Haftung für Hilfspersonen) auf Ersatz des ihnen aus dem Verhalten des Y erwachsenen Schadens sowie auf Genugtuung ein. Die Klage wurde auf kantonaler Ebene abgewiesen. Der Appellationshof des Kantons Bern kam zum Schluss, der von Z als Hilfsperson beigezogene Arzt Y habe die Handlungen, aus denen X und ihr Vater ihre Ansprüche ableiteten, nicht in Ausübung, sondern nur bei Gelegenheit seiner Verrichtungen begangen, weshalb Z für den dadurch X und ihrem Vater allenfalls verursachten Schaden nicht einzustehen habe. X und ihr Vater hatten dagegen die Berufung an das Bundesgericht ergriffen.

Vor Bundesgericht war nicht mehr streitig, dass Z Y als Hilfsperson im Sinne von OR 101 zur Erfüllung ihrer Vertragspflichten aus einem von ihr mit X abgeschlossenen privatrechtlichen Vertrag beigezogen hatte und daher für das Verhalten von Y einstehen musste, soweit er in Ausübung seiner Verrichtungen gehandelt hatte. Streitig war dagegen, ob letztere Voraussetzung erfüllt war.

Damit angenommen werden kann, die Hilfsperson habe in Ausübung ihrer Verrichtungen gehandelt, genügt nach Lehre und Rechtsprechung nicht jeder zeitliche oder räumliche Zusammenhang zwischen der Verrichtung und der Schädigung des Vertragspartners des Geschäftsherrn, sondern es bedarf weiter eines funktionellen Zusammenhanges in dem Sinne, dass die schädigende Handlung zugleich eine Nichterfüllung oder schlechte Erfüllung der Schuldpflicht des Geschäftsherrn aus seinem Vertrag mit dem Geschädigten darstellt. Die Haftungsbestimmung des OR 101 beruht auf dem Gedanken, wer Hilfspersonen beizieht, um eine vertragliche Verpflichtung zu erfüllen, muss sich das Verhalten der Hilfsperson wie ein eigenes anrechnen lassen, soweit es mit der Erfüllung des infrage stehenden Vertrages in sachlicher Beziehung steht. Massgebend ist somit, ob der Geschäftsherr, wenn er die von der Hilfsperson begangene schädigende Handlung selber vorgenommen hätte, dafür vertraglich (und nicht etwa nur aus unerlaubter Handlung) haften würde. Ist dies zu bejahen, so hat er auch für das Verhalten der Hilfsperson einzustehen und kann sich von der Schadenersatzpflicht nur dadurch befreien, dass er den Nachweis erbringt, dass auch ihm, wenn er ebenso gehandelt hätte wie die Hilfsperson, kein Verschulden vorgeworfen werden könnte. Das Bundesgericht hatte daher abzuklären, welche vertraglichen Pflichten Z aus dem Vertrag erwachsen sind, den sie mit X abgeschlossen hatte. Im Rahmen der ärztlichen Behandlungen, welche Teil des zwischen Z und X abgeschlossenen sogenannten Hospitalisierungsvertrags waren, hatte Z in positiver Hinsicht die nach anerkannten medizinischen Grundsätzen gebotenen therapeutischen Massnahmen zu treffen. In negativer Hinsicht hat sie alles zu unterlassen, was den guten Erfolg der Behandlung gefährden konnte. Aufgrund der Tatsache, dass X an depressiven Störungen litt, hatte die ärztliche Behandlung darin zu bestehen, dass ihr psychisches Verhalten so zu beeinflussen und zu lenken war, dass X ihr seelisches Gleichgewicht zurückgewinnen konnte. Das Bundesgericht hielt fest, dass es sich von selbst verstehe, dass Y durch die Anknüpfung eines nach den gegebenen Umständen aussichtslosen Liebesverhältnisses mit X das mit der Behandlung angestrebte Resultat keineswegs förderte, sondern im Gegenteil im hohen Masse gefährdete. Das Verhalten von Y verletzte somit eine Z obliegende vertragliche Unterlassungspflicht und stellte darum eine schlechte Erfüllung der Schuldpflicht der Z dar. Das Sanatorium Z musste sich gemäss dem höchstrichterlichen Urteil deshalb aufgrund der dargelegten Grundsätze das Handeln des Arztes Y wie ihr eigenes anrechnen lassen. Das Bundesgericht bejahte daher die Haftung für Hilfspersonen gemäss OR 101.

Unwiderruflichkeit der getroffenen Wahl

Die Wahlrechte gemäss OR 107 Abs. 2 stellen Gestaltungsrechte dar, weshalb die einmal getroffene Wahl unwiderruflich ist.

BGE 123 III 16

Dr. med. M hatte mit den Erben des verstorbenen Dr. med. E einen Kaufvertrag über die Praxis des Letzteren abgeschlossen, wobei im Kaufpreis von CHF 70'000.– insbesondere sämtliche Krankengeschichten seiner Patienten enthalten sein sollten. Nachdem in einem ersten Verfahren letztinstanzlich vom Bundesgericht entschieden wurde, dass Dr. med. M den Erben des Dr. med. E den genannten Kaufpreis zahlen musste, ergab sich eine weitere Streitigkeit bezüglich der Vertragserfüllung. M erhob insbesondere Anspruch auf sämtliche Patientenunterlagen. Die Erben des E. vertraten dahingegen die Ansicht, dass sie nur verpflichtet seien, die Namen und die Adressen der Patienten herauszugeben. Nach längerem Hin und Her verzichtete M auf die Leistung der Erben E, wobei er sich explizit vorbehielt, allenfalls Schadenersatz geltend zu machen.

Nachdem die Erben E die Kaufpreisforderung, welche vom Bundesgericht im ersten Verfahren zugesprochen worden war, in Betreibung gesetzt und definitive Rechtsöffnung erlangt hatten, bezahlte M den entsprechenden Betrag. Daraufhin verlangte M erneut die Herausgabe sämtlicher Patientenunterlagen. Nachdem die Erben E diese Herausgabe erneut abgelehnt hatten, erklärte M den Rücktritt vom Vertrag und stellte die Rückforderung des Geleisteten sowie die Geltendmachung von Schadenersatz in der Höhe der angefallenen Prozess- und Parteikosten in Aussicht. Kurz darauf klagte M die Erben E auf Rückzahlung des Betrages von CHF 85'913.– und auf Schadenersatz in der Höhe von CHF 4'998.– beim Appellationshof des Kantons Bern ein. Dieser stützte sein Begehren, worauf die Beklagten Berufung ans Bundesgericht erhoben.

Im Verfahren vor Bundesgericht wurde unter anderem die Bedeutung der Wahlmöglichkeit des Gläubigers bei Verzug des Schuldners analysiert und die vorliegende Wahlerklärung ausgelegt. Das Bundesgericht hielt fest, dass, wenn sich ein Schuldner bei zweiseitigen Verträgen in Verzug befindet, der Gläubiger dazu berechtigt ist, ihm eine angemessene Frist zur nachträglichen Erfüllung anzusetzen oder ansetzen zu lassen (OR 107 Abs. 1). Bei unbenutztem Ablauf der Frist hat der Gläubiger die Wahl, entweder immer noch Erfüllung nebst Ersatz des Verspätungsschadens zu verlangen oder, wenn er es unverzüglich erklärt, auf die nachträgliche Leistung zu verzichten. Wählt er den Verzicht auf die nachträgliche Leistung, so hat er die Möglichkeit, entweder Schadenersatz wegen Nichterfüllung zu verlangen oder aber vom Vertrag zurückzutreten (OR 107 Abs. 2). Weiter bestätigte das Bundesgericht die Auffassung der Vorinstanz, dass die Erben E sich im Schuldnerverzug befanden. Ein solcher Verzug bei der Gegenleistung könne selbst dann eintreten, wenn über die Preiszahlung ein rechtskräftiges Urteil ergangen ist.

Entscheidet sich ein Gläubiger bei Schuldnerverzug mit dem Verzicht auf die nachträgliche Leistung für Schadenersatz aus Nichterfüllung, so muss ihm der Schuldner den Wert der Leistung ersetzen, auf die der Gläubiger verzichtet hat, während dieser grundsätzlich zur Erbringung seiner Eigenleistung verpflichtet bleibt. Der Anspruch des Gläubigers geht auf das sogenannte positive oder Erfüllungsinteresse. Er ist mithin so zu stellen, wie wenn der Vertrag ordnungsgemäss erfüllt worden wäre.

Entscheidet sich der Gläubiger aber für den Vertragsrücktritt, so begründet dieser ein Rückabwicklungsverhältnis, in dessen Rahmen bereits erbrachte Leistungen in natura oder wertmässig zurückzuerstatten sind. Die Parteien sind somit so zu stellen, wie wenn sie den Vertrag gar nie abgeschlossen hätten. Das Bundesgericht hielt explizit fest, dass die einmal getroffene Wahl zwischen Schadenersatz wegen Nichterfüllung bzw. Vertragsrücktritt als Ausübung eines Gestaltungsrechts ebenso unwiderruflich ist wie die Erklärung, auf die Leistung zu verzichten. Die Wahlerklärung selbst ist nach dem Vertrauensgrundsatz auszulegen. Massgebend ist somit, wie der Schuldner die Erklärung nach den gesamten Umständen in guten Treuen hat verstehen dürfen und müssen.

Nach den Feststellungen des Appellationshofes hat der Kläger erklärt, dass er gestützt auf OR 107 Abs. 2 auf die Gegenleistung verzichte und sich die Geltendmachung des aus der Nichterfüllung entstandenen Schadens vorbehalte. Die Vorinstanz hatte diese Erklärung dahingehend ausgelegt, dass sich der Kläger für Schadenersatz wegen Nichterfüllung des Vertrages entschieden hatte. Das Bundesgericht erachtete in der Folge diese Auslegung als bundesrechtlich nicht zu beanstanden. Das Bundesgericht hielt die Berufung aber insoweit für begründet, als die Vorinstanz die bindende Wirkung der einmal erklärten Wahl verkannt und daher zu Unrecht ein Rückkommen auf die getroffene Wahl erlaubt hatte. Das angefochtene Urteil wurde daher an die Vorinstanz zurückgewiesen, um die Elemente des Schadenersatzes des Klägers zu erheben, damit der Ersatzanspruch auf dieser Grundlage berechnet werden könne.

10. Teil Das Erlöschen der Obligationen

A. Repetitionsfragen

Beendigung von Schuldverhältnissen

1. Was ist bei Schuldverhältnissen in Bezug auf die Beendigung besonders zu beachten?
2. Wie können Schuldverhältnisse beendet werden?

Erlöschen von Obligationen im Allgemeinen

3. Inwiefern ist der Titel «Erlöschen der Obligationen» des dritten Titels des allgemeinen Teils des Obligationenrechts unpräzise?

Die einzelnen Erlöschungsgründe

4. Welche Erlöschensgründe werden konkret im dritten Titel behandelt?
5. Welche weiteren Bestimmungen sind im dritten Titel enthalten?
6. Welche Rechte gelten beispielsweise als Nebenrechte?
7. Wie ist das Erlöschen der Nebenrechte im Gesetz geregelt?
8. Was ist bezüglich der Form von Aufhebungs- oder Erlassverträgen zu beachten?
9. Wie ist OR 115 mit OR 12 in Einklang zu bringen?
10. Was wird unter «Novation» oder «Neuerung» verstanden?
11. Welches sind die Voraussetzungen der Novation?
12. Welche Besonderheiten sind bei Kontokorrentverhältnissen in Bezug auf die Novation zu beachten?
13. Was wird unter «Konfusion» verstanden?
14. Welche Voraussetzungen müssen in positiver und negativer Hinsicht erfüllt sein, damit ein Erlöschen einer Forderung durch Verrechnung überhaupt infrage kommt?

15. Welche weitere Voraussetzung muss über das Vorliegen der fünf positiven und zwei negativen Voraussetzungen hinaus gegeben sein, damit es zu einer Verrechnung kommt?
16. Welches ist die Wirkung der Verrechnung?

Verjährung (OR 127 ff.)

17. Handelt es sich bei der Verjährung um einen Erlöschungsgrund?
18. Welches ist die grundsätzliche Verjährungsfrist und wo ist sie geregelt?
19. Gibt es Ausnahmen vom vorgenannten Grundsatz?
20. Können die Verjährungsfristen durch Parteivereinbarungen abgeändert werden?
21. Welcher Umstand ist für den Fristbeginn der Verjährung massgebend?
22. Wo ist im Gesetz geregelt, unter welchen Konstellationen eine laufende Verjährungsfrist stillsteht oder eine Verjährungsfrist nicht zu laufen beginnt?
23. Was ist die Wirkung eines Unterbruchs der Verjährung?
24. Welche Handlung des Schuldners führt zu einer Unterbrechung der Verjährung?
25. Welche Handlungen des Gläubigers unterbrechen die Verjährung?
26. Was ist die Wirkung der Verjährung?
27. Kann der Schuldner auf die Einrede der Verjährung verzichten?
28. Wird die Verjährung von Amtes wegen beachtet?

B. Übungsfälle

Übungsfall 1: Hobbysportler

Herr Phönix ist ein angefressener Hobbyradsportler. Er kauft sich jedes Jahr im April ein neues Rennrad von der Cyclemade AG. Allerdings war er letztes Jahr mit dem Rad nicht zufrieden, weil er zahlreiche Mängel feststellen musste, welche er der Cyclemade AG zur Kenntnis brachte (OR 201). Trotzdem kauft er sich auch ein Jahr später wieder ein Rad. Diesmal allerdings bereits im Januar, weil er im Februar in die Radferien nach Mallorca gehen will. Cyclemade AG stellt Phönix Ende Januar das erworbene Spitzenfahrrad mit CHF 11'000.– in

Rechnung. Phönix überweist daraufhin der Cyclemade AG CHF 7'500.– und teilt ihr in einem Begleitschreiben mit, dass er bezüglich der restlichen CHF 3'500.– (der Betrag ist als anerkannt zu betrachten) Verrechnung mit seinen Gewährleistungsansprüchen aus dem letztjährigen Kauf geltend mache. Wie sehen die Chancen von Phönix in Bezug auf die Verrechnung aus?

Übungsfall 2: Handwerksarbeit?

Herr Byrd übertrug im Jahr 2000 der Port AG die Lieferung und Montage von Türen für eine mittelgrosse Überbauung. Nachdem Ende 2000 die Türen montiert worden waren, rügte Byrd schriftlich verschiedene Mängel und forderte die Port AG zu deren Behebung auf. Die Port AG bestritt das Vorliegen von Mängeln und stellte Byrd Anfang 2001 Rechnung für ihren Werklohn in der Höhe von CHF 15'000.–. Byrd weigerte sich zu bezahlen. Mitte 2006 klagte die Port AG gegen Byrd auf Bezahlung von CHF 15'000.– nebst Zins. Byrd stellt sich auf den Standpunkt, die Forderung sei verjährt. Wie ist die Rechtslage?

(*Sachverhalt und Lösung angelehnt an BGE 116 II 428.*)

C. Bundesgerichtliche Leitentscheide

Neuerung im Kontokorrentverhältnis

Bei einem Kontokorrentverhältnis ist gestützt auf OR 117 Abs. 2 Neuerung anzunehmen, wenn der Saldo gezogen ist und von beiden Parteien anerkannt wird.

BGE 104 II 190

X hatte bei der Basler Filiale einer amerikanischen Bank ein Dollarkonto mit der Bezeichnung *Linda*. Die Bank hatte den Auftrag, die das Konto betreffende Korrespondenz banklagernd aufzubewahren. Ein damaliger Direktor der Bank veranlasste im Jahre 1972 sowie im Jahr 1974 je eine Überweisung in der Höhe von USD 38'000.– bzw. USD 10'000.–. Nach dem Tod von X wurde das Konto auf seine Frau überschrieben, welche den Saldo auf das neu eröffnete Konto *Luis* übertragen lies. Kurze Zeit später stellte die Bank fest, dass der besagte Direktor unbefugterweise Gelder zwischen verschiedenen Kundenkonten verschoben hatte. Sie teilte daraufhin Frau X mit, dass auch ihr Konto von den Machenschaften betroffen sei und dass eine entsprechende Untersuchung eingeleitet worden sei. In der Folge legte die Bank Frau X weiterhin monatlich

Kontoauszüge ins Bankfach, ohne dass deren Saldi im Hinblick auf die erwähnten unbefugten Überweisungen je geändert wurden. Nachdem Frau X das Konto Luis aufgehoben hatte, erschien im letzten Kontoauszug eine mit als Vergütungsauftrag bezeichnete Belastung im Betrag von USD 48'000.–. Es handelte sich dabei um die Rückbelastung der beiden unbefugterweise gutgeschriebenen Beträge durch die Bank. Die Klage von Frau X gegen die Bank wurde vom Handelsgericht des Kantons Zürich gutgeheissen, woraufhin die Bank beim Bundesgericht Berufung erklärte.

Vor Bundesgericht war nicht mehr strittig, dass die Forderungen und Gegenforderungen aus dem gegenseitigen Geschäftsverkehr nicht einzeln geltend gemacht, sondern gegeneinander verrechnet wurden, wobei der Saldo jeweils monatlich gezogen wurde. Das Bundesgericht ging mit der Vorinstanz davon aus, dass zwischen den Parteien ein Kontokorrentverhältnis bestanden hatte.

Frau X berief sich bezüglich der beiden umstrittenen Beträge auf Neuerung, weil sie die von der Bank zugestellten Saldomeldungen jeweils anerkannt habe. Das Bundesgericht ging mit ihr einig, dass bei einem Kontokorrentverhältnis gestützt auf OR 117 Abs. 2 Neuerung anzunehmen sei, wenn der Saldo gezogen ist und von beiden Parteien anerkannt wird. Gemäss Bundesgericht war dies im vorliegenden Fall insoweit gegeben, als Frau X bzw. ihr Ehemann nach Treu und Glauben davon ausgehen durften, dass der jeweils gezogene Saldo auch von der Bank anerkannt wurde.

Nachdem Frau X aber von der Bank über die unbefugterweise überwiesenen Gelder informiert worden war, durfte sie hinsichtlich der Saldi der auf die Information folgenden Kontoauszüge nicht mehr annehmen, sie seien von der Bank im Sinne von OR 117 Abs. 2 anerkannt. Gemäss Bundesgericht half deshalb – angesichts der unmissverständlichen Information – nicht weiter, dass die weiterhin ausgestellten Kontoauszüge keinen diesbezüglichen Vorbehalt enthielten. Demgegenüber durfte Frau X gemäss Bundesgericht bezüglich der Saldomeldungen, welche vor der besagten Information erfolgten, zu Recht davon ausgehen, dass die Bank mit ihrer vorbehaltslosen Zustellung nach den Regeln von Treu und Glauben im Geschäftsverkehr zum Ausdruck brachte, dass die entsprechenden Saldi von ihr anerkannt wurden. Da dies jeweils auch von Frau X bzw. ihrem Ehemann stillschweigend geschah, trat nach der gesetzlichen Vorschrift von OR 117 Abs. 2 Neuerung ein.

Gemäss Bundesgericht ändert an dieser Schlussfolgerung auch nichts, dass Frau X bzw. ihr Ehemann von den fraglichen Kontoauszügen keine Kenntnis hatten, weil diese von der Bank banklagernd aufbewahrt wurden. Das Gericht führt aus, dass wenn eine Bank sich darauf einlässt, dass die mit ihren Kunden gewechselte Korrespondenz ins Bankfach gelegt werde, sie sich nach Treu und Glauben alles, was der Kunde aus dem betreffenden Schreiben ableiten durfte und musste, entgegenhalten lassen muss.

Abschliessend hielt das Bundesgericht fest, dass wenn die Bank anerkannte, dass die umstrittenen Gutschriften bei der Berechnung der Saldi vor der Information berücksichtigt wurden, sie später nicht wieder darauf zurückkommen konnte und es ihr mithin nicht gestattet war, die entsprechenden Beträge einfach wieder ins Soll einer entsprechenden Rechnung einzustellen.

Verjährung während des Prozesses

Handelt es sich bei einem Anspruch um eine verjährbare Forderung, so läuft die Verjährungsfrist unabhängig davon, ob ein gerichtliches Verfahren hängig ist. Davon ausgenommen sind lediglich die in OR 134 umschriebenen Sachverhalte.

BGE 123 III 213

Mitte der Achtzigerjahre des letzten Jahrhunderts brannte eine im Eigentum von W stehende Scheune nieder. Die betreffende Scheune war seit Jahren an die S AG vermietet. Die S AG hatte unter anderem Untermietverträge mit dem R, welcher in der Scheune eine Bootsbauwerkstatt betrieb, und mit G, welcher einen kunststoffverarbeitenden Betrieb in der Scheune führte, sowie K und A, welche die Scheune als Lagerraum benutzten, abgeschlossen. Die Ursache für den Brand war die Entzündung von Acetondämpfen im kunststoffverarbeitenden Betrieb von G. Die Scheune brannte vollumfänglich nieder. Die Mieterin der Scheune sowie die Untermieter, mit Ausnahme von G, klagten den Eigentümer W sowie den G, der den Brand verursacht hatte, auf Schadenersatz ein, welcher ihnen erstinstanzlich zugesprochen wurde. Zweitinstanzlich erhielt nur noch R Schadenersatz. Die Kläger erhoben daraufhin Berufung ans Bundesgericht. Sie beantragten, das obergerichtliche Urteil aufzuheben und die Beklagten zu verpflichten, ihnen die entsprechenden Beträge nebst Zins zu zahlen. Daraufhin erhoben die Beklagten in ihrer Eingabe vor Bundesgericht die Verjährungseinrede.

Das Bundesgericht führt in seinem Urteil aus, dass nach Bundesrecht bei verjährbaren Forderungen die Verjährung auch unter der Hand des Richters weiterläuft, sofern sie nicht nach OR 134 ruht. Dies ergibt sich ebenfalls aus OR 138 Abs. 1 und entspricht konstanter Rechtsprechung. Weiter führt das

Gericht aus, dass die Verjährung indes ruht während eines befristet sistierten Prozessverfahrens, da es Sinn und Zweck der gesetzlichen Ordnung widerspricht, dem Gläubiger die Obliegenheit anzulasten, durch ein von vornherein unnützes Begehren um Beschleunigung oder Beendigung des Verfahrens eine bloss materiell-rechtlich gebotene, prozessual aber unwirksame Unterbrechungshandlung vorzunehmen. Davon zu unterscheiden ist die Situation, in der die Parteien im Hinblick auf Vergleichsverhandlungen die Sistierung des Prozesses für unbestimmte Zeit verlangen. In dieser Zeit wie auch zwischen dem Abschluss der Parteiverhandlungen und der Urteilsfällung ruht die Verjährung nicht. Es steht dem Gläubiger jederzeit frei, den Abschluss des Verfahrens zu verlangen.

Diese Regelung gilt ebenso für kantonale Verfahren wie auch für Verfahren vor Bundesgericht. Das Bundesprivatrecht enthält eine einheitliche Verjährungsordnung für die Dauer eines Prozessverfahrens und kennt für dasjenige vor Bundesgericht keine Ausnahmeregelung. Aus diesem Grund ist davon auszugehen, dass bei Forderungen auch während des Berufungsverfahrens die Verjährung nach Massgabe der genannten Grundsätze weiterläuft, sie mithin nicht von Gesetzes wegen ruht. Zwar unterbricht der Abschluss des Schriftenwechsels die Verjährung, dieser bewirkt aber nicht deren Stillstand bis zum Datum des Urteilspruchs.

11. Teil Besondere Verhältnisse bei Obligationen

A. Repetitionsfragen

Mehrzahl von Schuldnern

1. Was wird unter «Teilschuld» verstanden?
2. Was wird unter «gemeinschaftlicher Schuld» verstanden?
3. Was wird unter «Solidarschuld» verstanden?
4. A und B sind vertragliche Solidarschuldner von C. C belangt A auf Zahlung der Schuld. Welche der folgenden Einreden und Einwendungen kann A gegenüber C geltend machen:
   a) Kann A geltend machen, der Vertrag mit C sei widerrechtlich?
   b) Kann A die Forderung von C mit einer Gegenforderung von B verrechnen?
   c) Kann A geltend machen, B habe ihn aus der Solidarschuld entlassen, weshalb C sich an B zu halten habe?
   d) Kann sich A darauf berufen, er sei beim Vertragsschluss mit C einem Willensmangel unterlegen?
5. A, B und C sind Solidarschuldner von D. A bezahlt D die ganze Schuld im Betrag von CHF 15'000.–. Woraus ergibt sich der eigenständige Rückgriffsanspruch von A gegen B und C? Ermöglicht ihm ein solcher Anspruch, von B auch den Anteil von C zu fordern? Was gilt, wenn C zahlungsunfähig ist?

Mehrzahl von Gläubigern

6. Wann liegt «Teilgläubigerschaft» vor?
7. Wann liegt «gemeinschaftliche Gläubigerschaft» vor?
8. Kann bei der gemeinschaftlichen Gläubigerschaft ein Gläubiger alleine Leistung an alle fordern oder können dies nur alle Gläubiger gemeinsam tun?
9. Wann liegt «Solidargläubigerschaft» vor?

10. Kann bei einer Solidargläubigerschaft der Schuldner wählen, an wen er leisten will?

Beziehungen zu dritten Personen

11. In welchen zwei Ausnahmefällen erlischt eine Forderung nicht, wenn ein Dritter sie erfüllt, sondern geht von Gesetzes wegen auf ihn über?
12. Wie wird dieser Forderungsübergang genannt?
13. Die Marginalie zu OR 111 lautet «Vertrag zulasten eines Dritten». Wie wird das in OR 111 geregelte Versprechen üblicherweise bezeichnet?
14. Das Versprechen nach OR 111 weist eine grosse Nähe zur Bürgschaft nach OR 492 ff. auf. Wie werden diese beiden Abreden voneinander abgegrenzt? Weshalb ist die Abgrenzung von besonderer Bedeutung?
15. Was wird unter dem «Vertrag zugunsten eines Dritten» verstanden? Handelt es sich hierbei um einen eigenen Vertragstyp?
16. Welche zwei Arten des Vertrags zugunsten eines Dritten gibt es? Worin unterscheiden sie sich?
17. Was wird unter dem «Vertrag mit Schutzwirkung zugunsten Dritter» verstanden? Anerkennt das BGer diese Rechtsfigur?

Bedingungen

18. Wann ist ein Rechtsgeschäft bedingt i.S.v. OR 151 ff.?
19. Kann jedes Rechtsgeschäft von einer Bedingung abhängig gemacht werden?
20. Wann liegt eine «aufschiebende» (oder «suspensive») und wann eine «auflösende» (oder «resolutive») Bedingung vor?
21. Was wird unter einer «potestativen», «kasuellen» und «gemischten» Bedingung verstanden?
22. Wie heisst der Zustand, der zwischen dem Abschluss sowohl des aufschiebend als auch des auflösend bedingten Rechtsgeschäfts und dem Eintritt oder Ausfall der Bedingung herrscht?
23. Bestehen bei Parteien eines aufschiebend bedingten Rechtsgeschäfts vor Bedingungseintritt bestimmte Rechte und Pflichten?

24. Was gilt, wenn die Bedingung bei einem aufschiebend bedingten Rechtsgeschäft eintritt?
25. Was gilt, wenn die Bedingung bei einem auflösend bedingten Rechtsgeschäft eintritt?
26. Was gilt, wenn die Bedingung bei einem aufschiebend bedingten Rechtsgeschäft ausfällt?
27. Was gilt, wenn die Bedingung bei einem auflösend bedingten Rechtsgeschäft ausfällt?
28. Was gilt, wenn eine Partei den Eintritt einer Bedingung wider Treu und Glauben verhindert? Was gilt, wenn eine Partei den Eintritt einer Bedingung wider Treu und Glauben herbeiführt?

Sicherung von Forderungen

29. Kann der Gläubiger die verabredete Konventionalstrafe fordern, obwohl der entstandene Schaden nachgewiesenermassen tiefer ist als der Konventionalstrafbetrag?
30. Kann ein Rechtsverlust den Inhalt einer Konventionsstrafe bilden?
31. Was geschieht mit der Konventionalstrafe, wenn die Hauptschuld ungültig ist oder untergeht?
32. Kann der Gläubiger bei Verzug neben der Konventionalstrafe den gesamten entstandenen Schaden geltend machen?

B. Übungsfälle

Übungsfall 1: Bedingungsausfall

a) Kathrin kauft von Sybille eine Liegenschaft unter der aufschiebenden Bedingung, dass sie spätestens in einem Jahr eine Baugenehmigung erhalten wird. Nach Ablauf dieser Frist liegt noch immer keine Genehmigung vor. Kathrin möchte den Kauf trotzdem abwickeln. Sybille hat es sich in der Zwischenzeit jedoch anders überlegt und möchte die Liegenschaft behalten. Kathrin gegenüber beruft sie sich auf den fehlenden Bedingungseintritt.
Kann Kathrin den Vollzug des Vertrags verlangen?

b) Melanie schliesst mit Sabrina einen Vertrag über die Lieferung von Hundefutter unter der aufschiebenden Bedingung ab, dass Proben des Hundefutters einem Qualitätstest von Melanie genügen werden. Da Sabrina kurz nach Vertragsschluss eine bessere Offerte erhält, verliert sie das Interesse an der Geschäftsbeziehung mit Melanie und liefert die vereinbarte Probe nicht.

Wie ist die Rechtslage?

Übungsfall 2: Der geschenkte Arztbesuch

Laurent ist ein bekannter Schweizer Künstler. Als sein in bescheidenen Verhältnissen lebender Bruder Thomas von einer rätselhaften Hautkrankheit befallen wird, ist er in grosser Sorge. Er nutzt seinen Namen, um an einen der weltweit führenden Dermatologen zu gelangen. Laurent vereinbart mit ihm einen Termin für seinen Bruder. Die Kosten dafür trägt Laurent. Beim anschliessenden Arztbesuch stellt der Dermatologe eine falsche Diagnose und verschreibt Thomas ein Medikament, das lediglich zu weiteren Komplikationen führt.

Steht Thomas ein vertraglicher Schadenersatzanspruch gegen den Dermatologen zu?

Übungsfall 3: Die ägyptischen Baumwollsamen

Gregory kauft bei Alexander zehn Tonnen ägyptische Baumwollsamen. Dabei garantiert Alexander die Ware bis zum 10. Januar 2005 zu liefern. Die Parteien vereinbaren, dass Alexander Gregory CHF 20'000.– zu bezahlen hat, falls die Lieferung nicht zum vereinbarten Zeitpunkt erfolgt. Die Baumwollsamen werden Gregory jedoch erst am 25. Januar 2005 zugestellt. Gregory nimmt die Lieferung an, weil er die Ware bereits an Henry weiterverkauft hat und dieser seinerseits auf die Lieferung drängt.

Wie ist die Vereinbarung über die CHF 20'000.– rechtlich zu qualifizieren? Hat Gregory vorliegend einen Anspruch auf diesen Betrag?

C. Bundesgerichtliche Leitentscheide

Herabsetzung der Konventionalstrafe

Bei Beurteilung der Übermässigkeit der Konventionalstrafe ist nicht abstrakt vom höchstmöglichen Schaden auszugehen, sondern es sind die konkreten

Umstände zu berücksichtigen unter Einschluss des Schadensrisikos, dem der Gläubiger ausgesetzt war.

BGE 133 III 43

A und seine Ehefrau B schlossen mit X einen Kaufrechts- und Mietvertrag über eine Liegenschaft. Für die Einräumung des Kaufrechts wurde eine Entschädigung, ein sogenanntes «Angeld» vereinbart, das bei Nichtausübung des Kaufrechts bei X verbleiben sollte. Der Vertrag stand unter der resolutiven Bedingung rechtzeitiger Mietzinszahlungen. Als das Ehepaar in Zahlungsrückstand geriet, kündigte X den Mietvertrag, nachdem er ihnen zuvor mitgeteilt hatte, dass er den Kaufrechtsvertrag aufgehoben habe, wodurch die Entschädigung ihm zugefallen sei. Dagegen erhoben A und B Klage. Die Vorinstanz setzte die Entschädigung für das Kaufrecht um zwei Drittel herab, worauf X Berufung ans Bundesgericht erhob.

Sofern das Angeld für den Fall der Nichterfüllung des Vertrages beim Empfänger verbleiben soll, hat es nach h.L. die Bedeutung einer im Voraus bezahlten Konventionalstrafe. Gemäss OR 163 Abs. 3 hat der Richter eine übermässig hohe Konventionalstrafe nach seinem Ermessen herabzusetzen. Nach Meinung des Bundesgerichts ist dabei allerdings sowohl aus Gründen der Vertragstreue wie auch der Vertragsfreiheit Zurückhaltung geboten. Ein Eingriff rechtfertigt sich demnach nur, wenn der verabredete Betrag so hoch ist, dass er das vernünftige Mass übersteigt. Dies ist insbesondere dann der Fall, wenn zwischen dem Betrag und dem Interesse des Ansprechers, daran im vollen Umfang festzuhalten, ein krasses Missverhältnis besteht. Zur Beurteilung müssen vorderhand die Umstände des Einzelfalls berücksichtigt werden, wie die Art und Dauer des Vertrages, die Schwere des Verschuldens und der Vertragsverletzung, das Interesse des Ansprechers an der Einhaltung des Verbots, die wirtschaftliche Lage der Beteiligten, allfällige Abhängigkeiten aus dem Vertragsverhältnis sowie die Geschäftserfahrung der Beteiligten. Gegenüber einer wirtschaftlich schwachen Partei rechtfertigt sich eine Herabsetzung eher als unter wirtschaftlich gleichgestellten und geschäftskundigen Vertragspartner. In der vor Vertragsverletzung erfolgten Zahlung liegt nach Meinung des Bundesgerichts keine einer Rückforderung entgegenstehende Anerkennung, wenn sich erst nach der Verletzung des Vertrages richtig abmessen lässt, wie es sich mit der Rechtfertigung der vereinbarten Strafe verhält. Eine Herabsetzung wird deshalb als zulässig erachtet, wenn der Schuldner die Übermässigkeit erst nach Zahlung erkannte. Ob eine nachträgliche Herabsetzung trotz erfolgter freiwilliger Zahlung in Kenntnis des Herabsetzungsgrundes ausnahmsweise zulässig ist, lässt das Bundesgericht ausdrücklich offen. Die tatsächlichen Voraussetzungen einer Herabsetzung und damit auch das Missverhältnis zum Erfüllungsinteresse sind vom Schuldner zu behaupten und nachzuweisen. Allerdings kann der Schuldner in Bezug auf den Schaden, der dem Gläubiger entstanden ist, aus eigener Kenntnis oft nichts darlegen, weshalb vom Gläubiger verlangt werden darf, seinen Schaden zu beziffern und die Behauptung, es liege kein oder bloss ein geringer Schaden vor, substantiiert zu bestreiten. Der Gläubiger hat sein Interesse aber nicht ziffernmässig nachzuweisen; denn damit würde OR 161 Abs. 1 umgangen. Ebenso wenig darf sich der Richter bei der Prüfung, ob ein Missverhältnis vorliege und die Strafe deshalb herabzusetzen sei, mit dem eingetretenen Schaden begnügen, da dieser dem Interesse des Ansprechers, an der Konventionalstrafe im vollen Umfang festzuhalten, nicht entsprechen muss. Das Interesse des Gläubigers an der Beibehaltung der vollen Konventionalstrafe ist konkret im Zeitpunkt der Vertragsverletzung zu beurteilen. Die Angemessenheit der Konventionalstrafe ist daher nicht allein im Hinblick auf den tatsächlich entstandenen Schaden zu beurteilen, sondern es ist bei Würdigung der gesamten Umstände auch das Schadensrisiko, dem der Gläubiger im konkreten Fall ausgesetzt war, zu berücksichtigen sowie weitere Inkonvenienzen. Unterlässt es der Gläubiger aber bewusst, die ihm möglichen Angaben zum tatsächlichen Schaden oder zum konkreten Schadensrisiko zu machen, die der Schuldner aus eigener Kenntnis nicht beibringen kann, ist das Gericht nicht gehalten, abstrakt von einem möglichst hohen Schaden auszugehen, da sich das Schadensrisiko nicht unabhängig von den konkreten Umständen abschätzen lässt.

12. Teil   Abtretung und Schuldübernahme

A. Repetitionsfragen

Abtretung von Forderungen

1. Was wird unter «Abtretung» verstanden und wer ist daran beteiligt?
2. Welche beiden Rechtsgeschäfte sind bei der Zession auseinanderzuhalten?
3. Ist die Abtretung ein formbedürftiges Rechtsgeschäft?
4. Kann auch eine künftige Forderung abgetreten werden?
5. Was wird unter «Globalzession» verstanden?
6. Wann wird von «Kettenzession» und wann von «Mehrfachzession» gesprochen?
7. Gibt es Forderungen, welche nicht abgetreten werden können?
8. Können auch Gestaltungsrechte und dingliche Ansprüche abgetreten werden?
9. Welches ist die Hauptwirkung eines Forderungsübergangs?
10. Welche weiteren Wirkungen hat die gültige Abtretung?
11. Inwiefern werden die Rechte des Schuldners im Forderungsübergang geschützt?
12. Was sieht das Gesetz zum Schutze des neuen Gläubigers vor?
13. Unter welchen Voraussetzungen haftet der Zedent für den Bestand der Forderung?
14. Haftet der Zedent auch für die Zahlungsfähigkeit des Schuldners?
15. Ist ein Gläubigerwechsel auch ohne Abtretung denkbar?
16. Ist die Zession bezüglich des ihr zugrunde liegenden Rechtsgeschäftes kausaler oder abstrakter Natur?

Schuldübernahme

17. Inwiefern ist der Begriff der «internen Schuldübernahme» irreführend und was wird darunter verstanden?
18. Was wird für eine gültige interne Schuldübernahme vorausgesetzt?
19. Welches ist die Rechtswirkung einer internen Schuldübernahme?
20. Inwiefern unterscheidet sich die interne Schuldübernahme von der externen Schuldübernahme?
21. Welche Voraussetzungen müssen erfüllt sein, damit eine gültige «externe Schuldübernahme» zustande kommt?
22. Welches ist die Rechtswirkung der externen Schuldübernahme?
23. Welche Folgen hat ein Dahinfallen des externen Schuldübernahmevertrages?
24. Was wird unter der «kumulativen Schuldübernahme» verstanden?

B. Übungsfälle

Übungsfall 1: Morgenstund hat Gold im Mund

Frühmorgens will Frau Beck am Bahnhofskiosk ein Päckchen Zigaretten erstehen. Nachdem ihr der Verkäufer den Preis nennt, bemerkt sie, dass sie ihr Portemonnaie zu Hause vergessen hat. Herr Tanner, der sich am Kiosk eine Zeitung besorgen will, bekommt die ganze Situation mit und sagt dem Verkäufer grosszügigerweise, er übernehme die Bezahlung der Zigaretten für Frau Beck. Der Verkäufer nickt und händigt Frau Beck das entsprechende Päckchen aus. Nachdem sie damit um die Ecke des Kiosks verschwunden war, erklärt der Verkäufer Herrn Tanner, dass Frau Beck jeden Morgen den gleichen Trick anwende. Erzürnt über diese Neuigkeit, weigert sich nun Herr Tanner, die Zigaretten zu bezahlen. Wie ist die Situation einzuschätzen?

Übungsfall 2: Inkassosorgen eines Kardiologen

Frau Schneller schuldet einem Kardiologen für die Behandlung ihres langwierigen Herzleidens CHF 40'000.–. Nachdem der Kardiologe wiederholt und stets ohne Erfolg versucht hat, zu seinem Geld zu kommen, und sämtliche Mahnungen und Schreiben unbeantwortet blieben, trat er seine Forderung an eine Ärzteinkassogesellschaft ab. Der Kardiologe einigte sich mit der Ärzteinkassogesellschaft, dass diese ihm für die Forderungen CHF 15'000.– bezahlt.

a) Besteht für den Kardiologen eine Möglichkeit, an die restlichen CHF 25'000.– zu kommen?

b) Besteht eine Möglichkeit, dass die Ärzteinkassogesellschaft auf den Kardiologen zurückgreifen würde, falls ihr Vorgehen gegen Frau Schneller nicht erfolgreich wäre?

Übungsfall 3: Bootshandel

Herr Romain kauft im März von einem Bootshändler in Zürich ein Mastercraft-Motorboot, um damit seinem Hobby, dem Wakeboarden, frönen zu können. Er vereinbart mit ihm, die Hälfte des Kaufpreises von CHF 35'000.– Ende April und die andere Hälfte Ende Mai zu bezahlen. Anfangs April trifft er seinen Sportsfreund Mike, welcher ihm erzählt, von demselben Händler ein Boot gekauft zu haben. Der Bootshändler schulde ihm aus diesem Geschäft noch CHF 17'500.– aus kaufrechtlicher Gewährleistung. Romain vereinbart daraufhin mit Mike, dass Letzterer ihm die Forderung gegenüber dem Bootshändler schriftlich abtrete, und zwar gegen die Bezahlung von CHF 10'000.– unter Zusicherung des Bestandes und der Einbringlichkeit im Umfang von CHF 8'000.–. Ende April teilt Romain dem Bootshändler mit, er mache im Umfang von CHF 17'500.– Verrechnung geltend, womit die erste Rate getilgt sei. Wie ist die Rechtslage in Bezug auf die abgetretene Forderung?

C. Bundesgerichtliche Leitentscheide

Bestimmtheitsgebot bei der Zession

Die Formvorschrift von OR 165 dient der Rechts- und Verkehrssicherheit bzw. der Klarstellung. Von der Schriftform müssen sämtliche Merkmale erfasst sein, welche die abgetretene Forderung für die betroffenen Dritten hinreichend individualisieren.

Urteil 4A_125/2010 des Bundesgerichts vom 12. August 2010

Die X klagte gegen die Y. Sie machte geltend, die Forderung ergebe sich aus Aufwendungen und Investitionen von insgesamt USD 4'984'904.–, welche die Z im Rahmen der Vereinbarung mit Y getätigt habe und die Y zu ersetzen habe.

Die X machte eine Forderung von USD 200'000.– geltend. Diese Teilforderung sei infolge Abtretung von der Z auf sie übergegangen.

Die Abtretungsvereinbarung zwischen Z und X hatte folgenden Wortlaut: «Die Zedentin ist Gläubigerin einer Forderung gegenüber der Y (nachfolgend Schuldnerin genannt). Der Anspruch ergibt sich aus einer Vereinbarung der Zedentin mit der Y über ein Projekt zur Schaffung eines Begegnungszentrums mit den berühmtesten Fussballern der Welt. Die Zedentin tritt hiermit einen Betrag von USD 200'000.– der Forderung gemäss Ziffer 1 an die Zessionarin ab. Die Abtretung der Forderung wird mit der Vertragsunterzeichnung durch beide Parteien wirksam.»

Das Bundesgericht führte dazu aus: Die Formvorschrift des OR 165 dient der Rechts- und Verkehrssicherheit bzw. der Klarstellung. Die Gläubiger des Zedenten und des Zessionars sollen ebenso wie der Schuldner der zedierten Forderung feststellen können, wem die Forderung in einem bestimmten Zeitpunkt zusteht. Diesem Zweck entsprechend müssen von der Schriftform sämtliche Merkmale erfasst sein, welche die abgetretene Forderung für die betroffenen Dritten hinreichend individualisieren. Es genügt zwar, dass die Forderung bestimmbar ist, es muss aber immerhin für einen unbeteiligten Dritten ohne Kenntnis der Umstände der Abtretung aus der Urkunde selbst ersichtlich sein, wem die Forderung zusteht. Die Abtretung bloss eines Teils einer Forderung ist grundsätzlich zulässig. Durch Partialzession entstehen zwei Forderungen, die unabhängig voneinander sind und verschiedene Schicksale haben können.

Das Bundesgericht pflichtete daher den folgenden Erwägungen der Vorinstanz bei: In dieser Forderungsabtretung werde weder das Datum der Vereinbarung der Zedentin mit der Y noch deren Inhalt näher spezifiziert. Ebenso wenig werde erwähnt, aus welchen vertraglichen Bestimmungen die zedierte Forderung abgeleitet werde bzw. wofür diese geschuldet sei. Dass es sich dabei um eine Schadenersatzforderung handeln soll, wie die Beschwerdeführerin geltend mache, werde nirgends erwähnt. Aus der Abtretung sei zudem in keiner Weise ersichtlich, welche Teilpositionen der Beschwerdeführerin abgetreten werden sollen. Es bleibe somit unklar, welche Teilpositionen des behaupteten Gesamtschadens von USD 4'984'904.– abgetreten worden seien. Es fehle auch eine mittelbare Bestimmbarkeit des abgetretenen Teils der Forderung.

Das Bundesgericht führte weiter aus, dass es bei einer Partialzession zu einer Spaltung der Forderung kommt, wobei die einzelnen Teile unabhängig voneinander geltend gemacht werden können. Daraus folgt, dass bei einer Forderung, die sich aus verschiedenen Positionen zusammensetzt, die abgetretene Teilforderung nicht nur betragsmässig, sondern auch in Bezug auf den Gegenstand der Teilforderung genügend klar bestimmt bzw. bestimmbar sein muss. Ansonsten ist unklar, welche Ansprüche beim Zedenten verblieben sind und welche vom Zessionar geltend gemacht werden können.

Wenn die sogenannte Gesamtforderung die unterschiedlichsten Rechnungsposten abdeckt, liegen im Grunde mehrere Forderungen gegenüber demselben Schuldner vor, die zwar aus dem gleichen Rechtsgrund herrühren (z.B. Schadenersatz bei Vertragsverletzung), aber verschiedene Schadenspositionen erfassen, die eine differenzierte Beurteilung erfordern. Bei einer solchen Situation geht es nicht nur darum, in der Abtretungserklärung den Betrag der abgetretenen Teilforderung zu bestimmen, damit klar ist, in welchem Umfang die Forderung auf den Zessionar übergeht und in welchem Umfang sie beim Zedenten verbleibt. Vielmehr ist zu fordern, dass die abgetretene (Teil-)Forderung auch hinsichtlich der betroffenen Schadensposition bestimmt wird bzw. bestimmbar sein muss. Dies hat in der Abtretungsurkunde zu erfolgen.

Schuldübernahme beim Grundstückkauf

Übernimmt der Käufer eines Grundstücks aufgrund einer internen Schuldübernahme zwischen dem Käufer und dem Verkäufer eine Hypothek, so hat diese interne Schuldübernahme keinen Einfluss auf die Rechtsbeziehung zwischen dem Pfandgläubiger und dem Schuldner.

BGE 121 III 256, Pra 85 (1995) Nr. 102

C war Eigentümer zweier Stockwerkeinheiten, welche er am 23. März 1990 für CHF 550'000.– an A verkaufte. Der erstellten öffentlichen Urkunde war zu entnehmen, dass der Kaufpreis grösstenteils mittels Übernahme der bestehenden Hypotheken bezahlt werden sollte. Am 2. April 1990 informierte der Pfandgläubiger A, dass sie ihm das entsprechende Darlehen in der Höhe von CHF 500'000.– gewähren würde. A überwies C am 12. Juli 1990 den Restbetrag von CHF 50'000.–. Der entsprechende Grundbucheintrag wurde am 29. Mai 1990 vollzogen. Bis zum 20. bzw. 30. Juni 1990 bezahlte C weiterhin die entsprechenden Zinsen an den Pfandgläubiger in der Höhe von CHF 8'573.–. Nachdem C erfolglos versuchte, diesen Betrag von A zurückzufordern, klagte er diesen auf Zahlung der genannten Summe ein. Die obere kantonale Instanz verpflichtete A CHF 2'222.– zu bezahlen. C erklärte daraufhin Berufung ans Bundesgericht. Für die Übernahme einer Hypothek durch den Käufer einer Liegenschaft bedarf es stets zweier Verträge. Erstens braucht es eine Vereinbarung zwischen dem ehemaligen Schuldner und dem neuen Schuldner, worin sich der Käufer verpflichtet, den Verkäufer zu befreien (OR 175; interne Schuldübernahme). Zweitens bedarf es einer Vereinbarung zwischen dem Käufer und dem Pfandgläubiger, in welcher sich der Pfandgläubiger verpflichtet, den neuen Schuldner zu akzeptieren (OR 176 f.; externe Schuldübernahme). Die Spezialbestimmungen im ZGB (OR 832 und 934 ZGB), welche durch OR 183 vorbehalten werden, präzisieren die Voraussetzungen der externen Schuldübernahme.

Das Bundesgericht hielt in seinem Urteil fest, dass entgegen der Marginalie von OR 175 die interne Schuldübernahme allein noch keinen Übergang der Schuld vom Verkäufer auf den Käufer bewirkt. Durch diese Vereinbarung werden die Rechte des Pfandgläubigers nicht tangiert. Erst die externe Schuldübernahme zwischen dem Käufer und dem Pfandgläubiger führt zu einer Befreiung des ursprünglichen Schuldners, also des Verkäufers. Diese Regelung aus dem Allgemeinen Teil des Obligationenrechts findet ebenso Anwendung, wenn die relevante Schuld durch eine Grundpfandverschreibung gesichert ist. Präzisierend hielt das Bundesgericht fest, dass die Befreiung des Verkäufers in diesen Fällen allerdings erst nach dem Eigentumsübergang stattfindet.

Gemäss Bundesgericht ist zu beachten, dass die interne und die externe Schuldübernahme lediglich den Übergang der Schuldnereigenschaft regeln, mithin die Rechte und die Pflichten des früheren und des neuen Schuldners gegenüber dem Gläubiger. Eine allfällige Rückforderungsklage des Verkäufers oder des Käufers bzw. des Schuldners oder des Übernehmers hängt daher ausschliesslich von der internen Beziehung der Parteien ab. Daraus folgerte das Bundesgericht weiter, dass die Frage, ob der Kläger die Zinsen, die er dem Pfandgläubiger bis zum 20. und 30. Juni 1990 bezahlt hatte, vom Beklagten zurückfordern durfte, ausschliesslich aufgrund der zwischen ihnen bestehenden Vereinbarung zu entscheiden sei.

Gestützt auf diese und weitere insbesondere die Hypothekarzinsen betreffende Überlegungen hiess das Bundesgericht die Berufung gut.

Formerfordernis bei der internen Schuldübernahme

Selbst wenn der Vertrag, der die ursprüngliche Schuld begründet hat, an eine bestimmte Form gebunden ist, so ist die Vereinbarung einer internen Schuldübernahme nicht formbedürftig. Eine Ausnahme besteht lediglich für denjenigen

Fall, bei dem der ursprüngliche Vertrag wegen der Natur der versprochenen Leistung einer besonderen Form bedarf.

BGE 110 II 340, Pra 75 (1985) Nr. 81

L.C. unterzeichnete 1979 zugunsten einer Bank in Genf einen Eigenwechsel in der Höhe von CHF 21'115.–. A unterschrieb den Wechsel als Wechselbürge. Nach dem L.C. plötzlich verschwunden war, unterzeichneten A und F.C., der Bruder von L.C., eine als Schuldanerkennung überschriebenen Urkunde, in welcher sich F.C. verpflichtete, dem A die verbürgte Schuld zurückzuzahlen. Weiter verpflichteten sich A und F.C. gegenseitig in derselben Urkunde, der Bank den geschuldeten Vertrag zurückzuzahlen. Nachdem F.C. nach einer Weile seine Zahlungen gegenüber der Bank einstellte, betrieb diese A auf Zahlung der Restschuld von CHF 9'804.–. Daraufhin betrieb A den F.C. seinerseits auf denselben Betrag. Auf die Betreibung hin erhob F.C. Rechtsvorschlag und nach Erteilung der Rechtsöffnung Aberkennungsklage. Nach dem Kantonsgericht wies auch das Bundesgericht die Klage ab. Es hatte insbesondere die Frage nach der Beziehung zwischen der Form der Schuldübernahme und der Form des Vertrages, aus welchem die Schuld stammte, zu prüfen.

Das Bundesgericht führt aus, dass bei der Erfüllungsübernahme sich der Übernehmer zur Erfüllung einer bereits bestehenden Verpflichtung oder, bei der Erfüllung durch den Schuldner, zum Ersatz der erbrachten Leistung verpflichtet. Wenn die Leistung bei einem Vertrag entstand, der nicht wegen der besonderen Natur des Leistungsgegenstandes einer besonderen Form unterliegt, so könne auch für die Schuldübernahme kein besonderes Formerfordernis verlangt werden. Als Beispiele nennt das Bundesgericht die Lieferungs- und Zahlungspflicht aus einem Schenkungsversprechen sowie die Zahlungspflicht eines Garanten, welche von jedermann formlos übernommen werden könne (ausgenommen vom Schenker und Garanten). Als Beispiel für einen Vertrag, bei welchem aufgrund der besonderen Natur des Leistungsgegenstandes auch die Schuldübernahme einer besonderen Form bedarf, erwähnt das Bundesgericht den Fall der Grundstücksübertragung.

Auf den vorliegenden Fall bezogen führt das Bundesgericht aus, dass F.C. den A von der Verpflichtung zur Zahlung einer Geldsumme zu befreien versprochen hatte und diese Verpflichtung mithin nicht in einem Vertrag enthalten sei, der wegen der besonderen Natur der Leistung einer bestimmten Form unterliege, und somit ein solches Formerfordernis auch nicht für die Schuldübernahme gelten könne. Die Natur des Vertrages, welcher die Übernahme der Erfüllung der Zahlungspflicht enthält, hat vorliegend keinerlei Bedeutung. Als weiteres

Argument führt das Bundesgericht an, dass auch Gründe der Praktikabilität es verbieten würden, die interne Übernahme einer Wechselschuld demselben Formerfordernis wie die Wechselverpflichtung, welche aus dem Wechsel selbst hervorgeht, zu unterwerfen.

Lösungen

Lösungen zum 1. Teil: Grundlagen

Grundbegriffe

1. Als Obligation wird die Rechtsbeziehung zwischen Gläubiger und Schuldner bezeichnet, aus der dem Gläubiger eine Forderung gegen den Schuldner zusteht und die für den Schuldner eine entsprechende Leistungspflicht (Schuld) begründet.
2. Das obligatorische Recht ist ein *subjektives Recht*. Damit wird ausgedrückt, dass das Recht nur dem einzelnen Gläubiger zusteht. Demgegenüber stellt das objektive Recht die Gesamtheit der bestehenden und alle Rechtsunterworfenen betreffenden Rechtsnormen dar.

    Das obligatorische Recht ist zudem ein *relatives Recht*. Das bedeutet, dass sich das Recht gegen einen bestimmten oder mehrere bestimmte Gläubiger richtet. Dagegen richten sich die absoluten Rechte gegen jedermann (z.B. die dinglichen Rechte). Das Begriffspaar unterscheidet also nach dem Kreis der Verpflichteten.
3. Sowohl das relative als auch das absolute Recht sind subjektive Rechte. Letzteres bildet also den Oberbegriff.
4. Das Prinzip der «Relativität der Obligation» besagt, dass der Gläubiger die Leistung nur vom Schuldner fordern kann und umgekehrt der Schuldner nur dem Gläubiger zur Leistung verpflichtet ist.
5. Mit Blick auf die Anzahl der abgegebenen Willenserklärungen werden die Rechtsgeschäfte in die *einseitigen Rechtsgeschäfte* sowie in die *zwei- und mehrseitigen Rechtsgeschäfte* unterteilt.

    Das einseitige Rechtsgeschäft besteht aus einer einzigen Willenserklärung. Als Beispiel können die Auslobung (OR 8), die Bevollmächtigung (OR 32) oder die Ausübung eines Gestaltungsrechts (z.B. die Kündigung) genannt werden.

    Zwei- und mehrseitige Rechtsgeschäfte bestehen aus zwei oder mehreren Willenserklärungen. Die Gruppe der zwei- und mehrseitigen Rechtsgeschäfte unterteilt sich in den Vertrag und den Beschluss. Der Vertrag ist meist ein zweiseitiges Rechtsgeschäft, er kann aber auch ein mehrseitiges Rechtsgeschäft sein (z.B. Gründung einer einfachen Gesellschaft nach OR 530). Als Beispiel für einen Beschluss können der Beschluss eines Vereins oder einer Stockwerkeigentümergemeinschaft genannt werden.

6. Das Verpflichtungsgeschäft begründet eine oder mehrere Obligationen. Meistens ist es ein Vertrag (z.B. begründet der Kaufvertrag unter anderem die Pflicht des Verkäufers zur Übergabe des Kaufgegenstands). Das Verfügungsgeschäft ist demgegenüber auf die Übertragung, Aufhebung oder Belastung eines Rechts gerichtet (z.B. die Übertragung des Besitzes am Kaufgegenstand durch den Verkäufer).

7. Bei der Gefälligkeit fehlt es an der Pflicht zur Erbringung der Leistung. Das massgebende Unterscheidungskriterium zwischen dem Rechtsgeschäft und der Gefälligkeit ist daher der *Rechtsbindungswille*.

8. Gesetzliche Obligationen können z.B. entstehen aus:
   - unerlaubter Handlung (OR 41 ff.);
   - ungerechtfertigter Bereicherung (OR 62 ff.);
   - Geschäftsführung ohne Auftrag (OR 419 ff.);
   - Familien-, Erb- und Sachenrecht (z.B. ZGB 641 Abs. 2).

9. Die Willenserklärung ist die private Willenskundgabe, die auf Erzielung einer Rechtsfolge (Begründung, Änderung oder Beendigung eines Rechts oder Rechtsverhältnisses) gerichtet ist. Die Willenserklärung bildet den Kern des Rechtsgeschäfts.

10. Ist eine Willenserklärung empfangsbedürftig, dann wird sie erst wirksam, wenn sie dem Empfänger zugegangen ist (sog. *Zugangsprinzip*).

11. Die Willenserklärung gilt als zugegangen, wenn sie sich im *Machtbereich des Empfängers* befindet (z.B. Briefkasten, Postfach, Speicherung auf dem Server bei einer E-Mail). Die tatsächliche Kenntnisnahme ist dagegen nicht erforderlich.

12. Ein nicht eingeschriebener Brief gilt als zugegangen, wenn er zu einer Zeit, in der mit der Leerung gerechnet werden darf, in den Briefkasten des Empfängers gelegt wird.

    Bei einem eingeschriebenen Brief gilt, wenn ihn der Postbote dem Adressaten oder einem zur Entgegennahme der Sendung ermächtigten Dritten nicht tatsächlich aushändigen konnte und er im Briefkasten oder im Postfach des Adressaten eine Abholungseinladung hinterlässt, dass die Sendung zugegangen ist, sobald der Empfänger gemäss Abholungseinladung bei der

Poststelle davon Kenntnis nehmen kann; dabei handelt es sich um denselben Tag, an dem die Abholungseinladung im Briefkasten hinterlegt wurde, wenn vom Adressaten erwartet werden kann, dass er die Sendung sofort abholt, andernfalls in der Regel um den darauf folgenden Tag.

Das BGer macht bei der Mietzinserhöhung gemäss OR 269d und der Zahlungsaufforderung gemäss OR 257d Abs. 1 eine Ausnahme. Für diese beiden Fälle gilt: Wenn die eingeschriebene Postsendung dem Adressaten (oder einer von ihm ermächtigten Person) nicht direkt ausgehändigt werden kann und eine Abholaufforderung mit Erwähnung der Aufbewahrungsfrist bei der Post in seinen Briefkasten oder in sein Postfach gelegt wurde, so gilt die Sendung in jenem Zeitpunkt als zugestellt, in welchem sie der Empfänger tatsächlich am Postschalter abholt oder, falls dies nicht innerhalb der Aufbewahrungsfrist von sieben Tagen geschieht, am siebten und letzten Tag dieser Frist. Diese Regel gilt schliesslich gemäss ZPO 138 Abs. 3 auch für die Zustellung von Vorladungen, Verfügungen und Entscheiden.

13. Willenserklärungen sind «nur» in der Regel empfangsbedürftig. Nicht empfangsbedürftig sind z.B. die letztwillige Verfügung (ZGB 498 ff.) oder die Auslobung (OR 8).
14. Eine Willenserklärung muss ausgelegt werden, wenn der Empfänger die Erklärung anders versteht, als es dem wirklichen Willen des Erklärenden entspricht.
15. Nach dem Vertrauensprinzip sind Willenserklärungen so auszulegen, wie sie vom Empfänger in guten Treuen verstanden werden durften und mussten.
16. Die Willenserklärung ist unbeachtlich. Ist diese Erklärung z.B. ein Antrag (etwa der Antrag zum Verkauf der Sache «A»), kommt kein Vertrag zustande.

Der Vertrag im Besonderen

17. Nominatverträge sind die im Besonderen Teil des OR (z.B. der Kauf in den OR 184 ff.) oder in einem Spezialgesetz (z.B. der Pauschalreisevertrag im PauRG) ausdrücklich geregelten Verträge.

    Innominatverträge sind Verträge, die im Gesetz nicht spezifisch geregelt sind. Lediglich im Gesetz genannte, aber nicht substanziell geregelte Verträge wie z.B. der Vorvertrag (OR 22) oder der Kontokorrentvertrag

(OR 117) zählen ebenfalls zu den Innominatverträgen. Dagegen genügt die knappe Regelung des Speditionsvertrags in OR 439, um ihn den Nominatverträgen zuzuordnen.

18. Beim einseitigen Schuldvertrag verpflichtet sich lediglich eine Partei dazu, eine Leistung zu erbringen (z.b. die Schenkung, OR 239 ff.). Beim zweiseitigen Vertrag verpflichten sich beide Parteien dazu, Leistungen zu erbringen.

19. Unter einem synallagmatischen Vertrag wird ein *vollkommen zweiseitiger Vertrag* verstanden. Beim vollkommen zweiseitigen Vertrag ist die eine Leistung die Gegenleistung der anderen; die Leistungen stehen also in einem Austauschverhältnis (z.B. Ware gegen Geld beim Kauf, OR 184 ff.). Das «Gegenstück» dazu bildet der *unvollkommen zweiseitige Vertrag*. Auch beim unvollkommen zweiseitigen Vertrag sind beide Parteien zur Erbringung einer Leistung verpflichtet, diese stehen aber nicht in einem Austauschverhältnis zueinander (z.B. die Pflicht zur Zahlung von Aufwendungsersatz beim unentgeltlichen Auftrag, OR 402 Abs. 1).

Die Unterscheidung zwischen vollkommen zweiseitigen (synallagmatischen) und unvollkommen zweiseitigen Verträgen spielt bei den Rechtsfolgen einer Leistungsstörung eine wichtige Rolle (vgl. z.B. OR 82 f.).

20. Der Vertragsabschluss setzt den *Austausch übereinstimmender Willenserklärungen* hinsichtlich *aller wesentlichen Punkte* durch *rechts- und handlungsfähige Parteien* voraus. Sind diese Voraussetzungen erfüllt, ist ein Vertrag zustande gekommen. Damit er auch gültig ist, muss er frei von Ungültigkeitsgründen sein.

21. Der Antragsteller bleibt solange gebunden, als er den «Eingang der Antwort bei ihrer ordnungsgemässen und rechtzeitigen Absendung erwarten darf», wobei er davon ausgehen darf, dass der Antrag rechtzeitig angekommen ist (OR 5 Abs. 1 und 2). Die Frist setzt sich aus der Dauer für die Übermittlung des Antrags und der Annahme sowie einer «angemessenen Überlegenszeit» zusammen. Die Überlegenszeit hängt von den Umständen des Einzelfalls ab, namentlich von Bedeutung und Umfang des Angebots. Für die Annahme ist ein Transportmittel zu wählen, das mindestens gleich schnell ist wie dasjenige für den Antrag.

22. Eine solche Willenserklärung ist keine Annahme, sondern eine Gegenofferte. Wird die Gegenofferte nicht angenommen, liegt ein Dissens vor.

23. Grundsätzlich stellt Schweigen keine Annahme dar. Das gilt auch dann, wenn der Antragsteller erklärt, der Antrag gelte bei Schweigen als angenommen.

    Ausnahmsweise kann Schweigen eine Annahme darstellen. Nach OR 6 gilt ein Vertrag als abgeschlossen, wenn die besondere Natur des Geschäfts oder die Umstände eine ausdrückliche Annahme nicht erwarten lassen und der Antrag nicht binnen angemessener Frist abgelehnt wird. Die «besondere Natur des Geschäfts» ist gegeben, wenn das Geschäft dem Antragsempfänger nur Vorteile bringt (z.B. Schenkung oder Erlassvertrag). Unter «Umstände» fallen etwa bestehende Geschäftsbeziehungen mit entsprechenden Gepflogenheiten. Ein solcher Umstand kann auch dann vorliegen, wenn der Angebotsempfänger den Offerenten zuvor zur Antragstellung aufgefordert hat (invitatio ad offerendum).

24. Tatsächlicher (oder natürlicher) Konsens liegt vor, wenn die Willenserklärungen übereinstimmen und die Parteien sich richtig verstanden haben. Man spricht deshalb von einem tatsächlichen Konsens, weil sich die Parteien tatsächlich geeinigt haben. Der tatsächliche Konsens stellt den Normalfall dar.

    Die Frage nach dem normativen (oder rechtlichen) Konsens stellt sich, wenn der Empfänger einer Willenserklärung diese anders verstanden als der Erklärende oder wenn sich sein tatsächliches Verständnis nicht ermitteln lässt. In diesem Fall fehlt es an einem übereinstimmenden Willen der Parteien (oder zumindest an einem feststellbaren übereinstimmenden Willen der Parteien). Mithilfe des Vertrauensprinzips ist der objektive Sinn der ausgetauschten Willenserklärungen zu ermitteln. Ergibt sich, dass der Empfänger die Willenserklärung so verstanden hat, wie er sie nach ihrem Wortlaut und Zusammenhang verstehen durfte und musste (objektive oder normative Auslegung), dann hat sich der Erklärende die Willenserklärung so gegen sich gelten zu lassen. Diesfalls liegt ein normativer Konsens vor.

25. Aus materiell-rechtlicher Sicht spielt es keine Rolle, ob ein Vertrag gestützt auf einen tatsächlichen oder einen normativen Konsens zustande kommt. Immerhin kann aber u.U. die Partei, der beim normativen Konsens ein Wille zugerechnet wird, der nicht ihrem wirklichen Willen entspricht, den Vertrag wegen eines Erklärungsirrtums anfechten.

26. Ein offener Dissens liegt vor, wenn die Parteien erkannt haben, dass ihre Willenserklärungen nicht übereinstimmen. Die Parteien haben sich also übereinstimmend verstanden, aber nicht geeinigt («agree to disagree»).

Ein versteckter Dissens ist gegeben, wenn die Nichtübereinstimmung einer oder beiden Parteien verborgen bleibt. Ein versteckter Dissens kann zum Vertragsschluss führen, wenn eine der Parteien nach dem Vertrauensgrundsatz in ihrem Verständnis der gegnerischen Willensäusserung zu schützen und damit die andere auf ihrer Äusserung in deren objektivem Sinn zu behaften ist.

27. Das Gesetz kennt drei Arten von Formvorschriften: die *einfache Schriftlichkeit* (z.B. Abtretung, OR 165 Abs. 1), die *qualifizierte Schriftlichkeit* (z.B. Bürgschaft natürlicher Personen, die den Betrag von CHF 2'000.– nicht übersteigt, OR 493 Abs. 2 Satz 2) und die *öffentliche Beurkundung* (z.B. Grundstückkauf, OR 216 Abs. 1 und 2 i.V.m. ZGB 657 Abs. 1).

28. Gemäss BGer sind erstens die objektiv wesentlichen Vertragspunkte – sog. *essentialia negotii* – formbedürftig (z.B. Kaufpreis, wobei Bestimmbarkeit des Preises genügt). Zweitens unterliegen diejenigen subjektiv wesentlichen Vertragspunkte dem Formzwang, die «ihrer Natur nach ein Element des betreffenden Vertrags darstellen» (BGE 119 II 135).

29. Das kaufmännische Bestätigungsschreiben ist die schriftliche Bestätigung eines unter Kaufleuten mündlich geschlossenen Vertrags. Stimmt das kaufmännische Bestätigungsschreiben nicht mit der zuvor getroffenen Abmachung überein, stellt sich die Frage, ob der mündliche Vertrag durch das Bestätigungsschreiben abgeändert worden ist. Zu prüfen ist m.a.W., ob dem Bestätigungsschreiben konstitutive (rechtsbegründende) Wirkung zukommt.

30. Aus dem Grundsatz von Treu und Glauben im Geschäftsverkehr ergibt sich, dass der Empfänger das Bestätigungsschreiben auf seine Übereinstimmung mit dem mündlich Vereinbarten zu überprüfen und im Falle einer Abweichung innert nützlicher Frist zu widersprechen hat. Bleibt das Schreiben unwidersprochen, kann dem Bestätigungsschreiben gemäss BGer konstitutive Wirkung zukommen. Keine solche Wirkung kann jedoch ein Schreiben erzielen, das derart vom Verhandlungsergebnis abweicht, dass nach Treu und Glauben nicht mehr mit dem Einverständnis des Empfängers gerechnet werden kann.

31. A könnte ein Schadenersatzanspruch aus *culpa in contrahendo* zustehen. Denn bereits während der Vertragsverhandlungen trifft die Parteien die vorvertragliche Pflicht, sich nach Treu und Glauben zu verhalten. So trifft sie etwa die Pflicht zu ernsthaftem Verhandeln. Nicht ernsthaft verhandelt eine Partei, wenn sie Verhandlungen aufnimmt oder fortführt, obwohl sie

sich bereits entschieden hat, mit dem Verhandlungspartner keinen Vertrag zu schliessen, den Verhandlungspartner aber im falschen Glauben lässt, dass es zu einem Vertragsschluss kommen werde. Verstösst eine Partei schuldhaft gegen diese oder eine andere vorvertragliche Pflicht, muss sie für den daraus entstandenen Schaden einstehen. Zu ersetzen ist bei der *culpa in contrahendo* grundsätzlich das sog. negative Interesse, d.h., der Geschädigte ist so zu stellen, wie wenn die Verhandlungen nie aufgenommen worden wären. Im vorliegenden Fall hätte A demnach einen Anspruch gegen B auf den Ersatz der Ausgaben, die A mit Blick auf die Verhandlungen getätigt hat, wie etwa die Flugkosten und die Kosten für die Hotelunterkunft. Verletzt eine Partei ihre vorvertraglichen Pflichten erst im Laufe der Verhandlungen, dann verfügt die geschädigte Partei lediglich über Anspruch auf Ersatz der Ausgaben, die sie seit dem Zeitpunkt der Pflichtverletzung durch die Gegenseite getätigt hat.

32. Von Globalübernahme wird gesprochen, wenn sich der Kunde mit den AGB einverstanden erklärt, ohne von ihrem Inhalt Kenntnis genommen zu haben. Für den Einbezug der AGB ist nicht erforderlich, dass der Kunde die AGB gelesen hat. Unabdingbar ist aber, dass der Kunde von den AGB Kenntnis nehmen konnte. Nach der Ungewöhnlichkeitsregel werden bei einer Globalübernahme diejenigen Klauseln einer AGB nicht Vertragsbestandteil, mit denen der Kunde nicht gerechnet hat und mit denen er nach den konkreten Umständen auch nicht rechnen musste. Nach der Unklarheitenregel ist eine AGB-Klausel, die nicht eindeutig ausgelegt werden kann, zugunsten des Kunden zu interpretieren. Per 1. Juli 2012 ist ein revidierter UWG 8 in Kraft getreten. Danach handelt unlauter, «wer allgemeine Geschäftsbedingungen verwendet, die in Treu und Glauben verletzender Weise zum Nachteil der Konsumentinnen und Konsumenten ein erhebliches und ungerechtfertigtes Missverhältnis zwischen den vertraglichen Rechten und den vertraglichen Pflichten vorsehen». AGB können damit von Gerichten auf deren Inhalt hin überprüft werden. Man spricht von «offener» Inhaltskontrolle, weil vor dem Inkrafttreten von UWG 8 nach Auffassung der Lehre die Rechtsprechung etwa mithilfe der Ungewöhnlichkeitsregel oder der Unklarheitenregel eine verdeckte Inhaltskontrolle der AGB vornahm. Globalübernahme und Ungewöhnlichkeitsregel gehören zur Frage, ob die AGB oder Teile davon überhaupt in den konkreten Vertrag einbezogen worden sind (also im Rahmen der sog. Geltungskontrolle). Erst wenn ihr Einbezug feststeht, kommt im Rahmen ihrer Auslegung die Unklarheitenregel zum Zug (also im Rahmen der sog. Aus-

legungskontrolle). Steht der Inhalt der AGB nach erfolgter Auslegung fest, greift die offene Inhaltskontrolle.

33. Von Simulation (Scheingeschäft) spricht man, wenn die Parteien gegen aussen hin den Abschluss eines Vertrags vorspiegeln, an den sie tatsächlich nicht gebunden sein wollen. Die Simulation bezweckt in aller Regel die Täuschung eines Dritten (z.B. Steuerbehörden). Oft steht hinter dem simulierten Rechtsgeschäft ein tatsächlich gewolltes Geschäft (dissimuliertes Geschäft). Nach OR 18 Abs. 1 ist das simulierte Geschäft unwirksam, das dissimulierte Geschäft hingegen grundsätzlich wirksam.

Häufiger Anwendungsfall der Simulation ist der Grundstückkauf: Die Parteien lassen aus steuerrechtlichen Gründen einen tieferen Kaufpreis beurkunden, als sie tatsächlich vereinbart haben. Das beurkundete Geschäft ist unwirksam, weil es sich um ein Scheingeschäft handelt. Das dissimulierte Geschäft ist ungültig, weil die Formvorschriften (öffentliche Beurkundung, OR 216 Abs. 1) nicht eingehalten worden sind.

Übungsfall 1: Tatsächlicher und normativer Konsens

a) A glaubt, sein Fahrrad verkauft zu haben. Dagegen meint B, ein Motorrad erworben zu haben. Die Parteien haben den Begriff «bike» demnach nicht so verstanden, wie er von der Gegenseite jeweils gemeint war. Damit fehlt es an einem tatsächlichen Konsens. Da die Parteien nicht erkannt haben, dass sie sich nicht übereinstimmend verstanden haben, liegt ein versteckter Dissens vor. Zum Vertragsschluss kommt es in diesem Fall dann, wenn ein normativer Konsens gegeben wäre. Ein solcher würde vorliegen, wenn sich die nach dem Vertrauensprinzip ausgelegte Erklärung «bike» mit dem Verständnis von A oder B decken würde. Da «bike» aber sowohl Fahrrad als auch Motorrad bedeuten kann, musste keine der Parteien den Begriff in dem einen oder anderen Sinne verstehen. Die Auslegung der Erklärung nach dem Vertrauensprinzip führt damit zu keinem eindeutigen Ergebnis.

b) Beide Parteien haben die von der Gegenseite abgegebene Erklärung so verstanden, wie sie gemeint war. Damit liegt ein tatsächlicher Konsens vor. Dass die Parteien versehentlich von Paul Young statt von Neil Young gesprochen haben, ändert gemäss dem Grundsatz «falsa demonstratio non nocet» nichts daran, dass sie einen Kaufvertrag über die Platten von Neil Young abgeschlossen haben. Denn massgebend ist der wirkliche Geschäftswille, nicht die unzutreffende Ausdrucksweise (OR 18 Abs. 1).

c) A bietet einen Kunstdruck von Roy Lichtenstein zum Kauf an. B nimmt das Angebot an, denkt dabei aber an das Bild von Keith Haring, das ebenfalls bei A hängt. Da sich die Parteien nicht richtig verstanden haben, liegt kein tatsächlicher Konsens vor. Zu prüfen ist daher, ob ein normativer Konsens vorliegt: Es ist also zu untersuchen, wie A die Erklärung von B verstehen durfte und musste, das Angebot von A anzunehmen. B sagte im Wesentlichen: «Ich nehme dein Angebot an, den Kunstdruck ‹Hey you› für CHF 50.– zu kaufen.» A durfte und musste diese Erklärung von B als Annahme seines Angebots verstehen und ist damit nach dem Vertrauensprinzip in seinem Verständnis zu schützen. Folglich stimmen die nach dem Vertrauensprinzip ausgelegten Willenserklärungen überein und es besteht normativer Konsens über den Kauf des Kunstdrucks von Roy Lichtenstein.

d) Zwischen den Parteien besteht offenkundig kein Konsens über den Kaufpreis. Vielmehr erkennen beide, dass ihre Willenserklärungen nicht übereinstimmen. Damit liegt ein offener Dissens vor.

Übungsfall 2: Antrag und Annahme

a) Nach OR 7 Abs. 3 gilt die Auslage von Waren mit Angabe des Preises in der Regel als Antrag. Aus dem Sachverhalt ergeben sich keine Anhaltspunkte, wonach A hätte erkennen müssen, dass das Modegeschäft die Röcke zu einem höheren als dem auf dem Preisschild vermerkten Preis verkaufen wollte. Der Vertrag kam damit zu einem Preis von CHF 50.– zustande, als A dem Verkäufer gegenüber die Annahme erklärte, indem sie ihm den Rock an der Kasse vorlegte.

Variante: Nach h.L. bezieht sich das Angebot nur auf das ausgestellte Stück. Das gilt selbst dann, wenn es sich hierbei um eine vertretbare Sache handelt. A könnte demnach nur den zur Schau gestellten Rock zu CHF 50.– erwerben.

b) Der Münzeinwurf ist nicht als Willenserklärung, sondern als Willensbetätigung zu qualifizieren. Im Unterschied zur Willenserklärung fehlt bei der Willensbetätigung ein Kundgabewillen. Ein Antrag kann ausnahmsweise dann mit einer blossen Willensbetätigung angenommen werden, wenn der Antragsteller zu verstehen gibt, dass er auf den Zugang einer Annahmeerklärung verzichtet. Nach Auffassung in der Lehre lässt ein Antragsteller mit dem Aufstellen eines Automaten erkennen, dass er sich mit einer Willensbetätigung begnügt.

Übungsfall 3: Vertraglich vorbehaltene Form

Die Parteien haben die Verhandlungsergebnisse fortlaufend in einem schriftlichen Vertragsentwurf festgehalten und damit zum Ausdruck gebracht, dass ein schriftlicher Vertrag abgeschlossen werden soll. Nach OR 16 Abs. 1 gilt die Vermutung, dass die Parteien vor Erfüllung der Form nicht verpflichtet sein wollen. Aus der Unterschriftenzeile ergibt sich, dass die Parteien die Unterzeichnung des Vertrags als die vorgesehene Form betrachtet haben (dass die Unterzeichnung die vorbehaltene Form darstellt, folgt auch aus der in OR 16 Abs. 2 enthaltenen Vermutung, wonach die Parteien mit dem Formvorbehalt die einfache Schriftlichkeit nach OR 13–15 meinen). Solange der Vertrag also nicht von beiden Parteien unterzeichnet ist, sind die Parteien nicht an die mündliche Vereinbarung gebunden, A hat demnach keinen Anspruch auf Erfüllung des Vertrags.

Variante: Die Parteien können auf die vertraglich vorbehaltene Form auch durch konkludentes Handeln nachträglich verzichten (vgl. z.B. 125 III 268). Ein solcher Verzicht wird angenommen, wenn die vertraglichen Leistungen trotz Nichteinhaltung der Form vorbehaltslos erbracht und entgegengenommen werden (vgl. z.B. 105 II 78). Im vorliegenden Fall haben A und B damit begonnen, den Vertrag vorbehaltlos zu erfüllen. Damit haben die Parteien zu erkennen gegeben, dass sie auf die Einhaltung des Formvorbehalts verzichtet haben. Der Vertrag ist folglich gültig zustande gekommen und muss vollständig erfüllt werden *(pacta sunt servanda)*.

Übungsfall 4: Vertrauenshaftung

Die Vertrauenshaftung ist eine Haftung aus erwecktem und anschliessend enttäuschtem Vertrauen. Sie setzt voraus, dass eine Person einen Vertrauenstatbestand schafft, auf den sich eine andere Person berechtigterweise verlässt und dadurch einen Schaden erleidet. Markus steht ein Schadenersatzanspruch aus Vertrauenshaftung zu, wenn die einzelnen Voraussetzungen erfüllt sind. Das wird im Folgenden untersucht.

Als erste Voraussetzung muss zwischen Markus und der Bank Z eine *rechtliche Sonderverbindung* bestanden haben. Die rechtliche Sonderverbindung ist ein qualifiziertes Näheverhältnis, das aus bewusstem oder normativ zurechenbarem Verhalten entsteht. Aus dieser rechtlichen Sonderverbindung ergeben sich aus Treu und Glauben (ZGB 2) hergeleitete Verhaltenspflichten (z.B. Schutz- oder

Aufklärungspflichten). Da die Vertrauenshaftung eine Verallgemeinerung der Grundsätze über die Haftung aus culpa in contrahendo ist, muss die infrage stehende Beziehung wertungsmässig mit einem Vertragsverhandlungsverhältnis vergleichbar sein. Deshalb begründet ein lediglich zufälliges und ungewolltes Zusammenprallen keine Sonderverbindung. Auf der anderen Seite ist nicht erforderlich, dass ein unmittelbarer Kontakt zwischen den Parteien besteht. Auch mittelbar kann ein besonderes Vertrauensverhältnis geschaffen werden.

Die Bank Z diente im Vertragsverhältnis zwischen Markus und der Anlagegesellschaft als Zahlstelle, bei der das auf den Namen des Treuhänders lautende Konto geführt wurde. Dieser Umstand alleine begründet noch keine rechtliche Sonderverbindung. Darüber hinaus fand in den Räumlichkeiten der Bank in Anwesenheit eines Direktors eine Besprechung statt, bei der Markus seinen Anlageentscheid gefällt und die Verträge unterzeichnet hat. Mit der Teilnahme eines Organs der Bank Z an den Verhandlungen entstand zwischen Markus und der Bank Z ein qualifiziertes Näheverhältnis, das als rechtliche Sonderverbindung zu qualifizieren ist.

Die Vertrauenshaftung setzt weiter voraus, dass innerhalb der rechtlichen Sonderverbindung der Schädiger beim Geschädigten *bestimmte berechtigte Erwartungen weckt*. Das kann nach bundesgerichtlicher Rechtsprechung z.B. durch die Erteilung einer Auskunft (vgl. BGE 128 III 324; 124 III 363) oder das Aufstellen verbindlicher Kriterien (vgl. BGE 121 III 350) erfolgen. Ob die Erwartungen berechtigt sind, beurteilt sich anhand der Einzelfallumstände.

Indem der Bankdirektor während der Ausführungen des Vertreters über die Aufsichtsfunktion der Bank nickte, signalisierte er seine Zustimmung. Markus durfte daher erwarten, dass die Bank das Konto erst freigibt, wenn die Gelder gegen entsprechende Wertpapiere eingetauscht würden.

Innerhalb der rechtlichen Sonderverbindung sind die Parteien zu loyalem Verhalten verpflichtet. Verletzen sie eine ihrer aus ZGB 2 B abgeleiteten Verhaltenspflichten, *enttäuschen sie treuwidrig die Erwartungen* ihres Gegenübers.

Der Bankdirektor stimmte Aussagen zu, von denen er gewusst hat oder zumindest hätte wissen müssen, dass sie nicht zutreffen. Damit verletzte er seine Aufklärungspflicht. Folglich enttäuschte er die Erwartung von Markus in treuwidriger Weise.

Ferner muss beim Vertrauenden ein *Schaden* entstanden sein, der *adäquat kausal* durch die Verhaltenspflichtverletzung entstanden ist.

Bei der Vertrauenshaftung ist der Vertrauende so zu stellen, wie wenn er die wahre Sachlage gekannt und folglich nicht vertraut hätte. Gemäss Differenztheorie besteht der Schaden daher in der Differenz zwischen dem gegenwärtigen tatsächlichen Vermögensstand von Markus und dem Vermögensstand, über den er gegenwärtig verfügen würde, wäre er vom Bankdirektor richtig informiert worden. Wäre Markus richtig informiert worden, hätte er gewusst, dass die Bank die Geschäfte nicht kontrolliert und der Treuhänder frei über sein Geld verfügen kann. Aufgrund der Frage von Markus, ob sein Geld sicher sei, kann geschlossen werden, dass er bei einer korrekten Aufklärung nicht bereit gewesen wäre, die Verträge zu unterzeichnen und das Geld zu überweisen. Das Verhalten des Bankdirektors ist auch nach dem gewöhnlichen Lauf der Dinge und der allgemeinen Lebenserfahrung geeignet, den entstandenen Schaden herbeizuführen. Damit hat der Bankdirektor durch die Verletzung seiner Aufklärungspflicht bei Markus einen Schaden von CHF 5'000'000.– adäquat kausal verursacht.

Schliesslich setzt die Vertrauenshaftung grundsätzlich ein *Verschulden* des Schädigers voraus. Da der Bankdirektor gewusst hat oder zumindest hätte wissen müssen, dass die Aufsichtsfunktion der Bank weder vereinbart noch möglich war, ist sein Verschulden zu bejahen.

Damit sind sämtliche Voraussetzungen der Vertrauenshaftung erfüllt. Folglich steht Markus ein Schadenersatzanspruch in maximaler Höhe von CHF 5'000'000.– und allfälligen Zinsen gegenüber der Bank zu. Im Rahmen der Schadenersatzbemessung hat das BGer den Schadenersatzanspruch von Markus jedoch wegen Selbstverschuldens um 75% reduziert (OR 44 Abs. 1).

Lösungen zum 2. Teil: Auslegung und Ergänzung bzw. Anpassung von Verträgen

Übersicht

1. Der Vertrag ist auszulegen, wenn sich die Parteien über dessen Inhalt uneinig sind. Davon zu unterscheiden ist der Konsensstreit: Ein solcher liegt vor, wenn eine Partei bereits das Zustandekommen eines Vertrags bestreitet. Ziel der Vertragsauslegung ist es zu ermitteln, was die Parteien im Zeitpunkt des Vertragsabschlusses gewollt haben.

    Der Vertrag ist zu ergänzen, wenn er eine Lücke aufweist. Von einer Vertragslücke spricht man, wenn sich die Parteien über einen Punkt nicht geeinigt haben, der einer Regelung bedarf.

    Der Vertrag ist an veränderte Umstände anzupassen, wenn sich das Umfeld, in dem der Vertrag abgewickelt werden soll, in für die Parteien unvorhersehbarer und unzumutbarer Weise verändert hat.

Vertragsauslegung und Vertragsergänzung

2. Bei der subjektiven Auslegung ist der Vertrag anhand des *übereinstimmenden wirklichen Parteiwillens* zu interpretieren. Kann dieser Wille nicht mehr festgestellt werden, bestimmt sich der Vertragsinhalt nach der objektiven Auslegung anhand des *mutmasslichen Parteiwillens*. Dabei stellt das Gericht darauf ab, was vernünftig und redlich handelnde Parteien nach Treu und Glauben unter den gegebenen Umständen gewollt und ausgedrückt hätten.

    Da sich der Inhalt eines Vertrags in erster Linie nach dem übereinstimmenden wirklichen Parteiwillen bestimmt (OR 18 Abs. 1), geht die subjektive Auslegung der objektiven Auslegung vor.

3. Als Auslegungsmittel (Erkenntnisquelle) gelten neben dem Wortlaut als primäres Willensindiz etwa die Vertragsverhandlungen, das Verhalten der Parteien nach Vertragsabschluss, die Interessenlage der Parteien bei Vertragsabschluss, der Vertragszweck, die Verkehrssitten und Handelsbräuche.

4. Als allgemeine Grundsätze der Vertragsauslegung gelten insbesondere die Auslegung «ex tunc», die Auslegung nach Treu und Glauben, die ganzheitliche Auslegung, die gesetzeskonforme Auslegung und die Unklarheitenregel.

5. Die Vertragsergänzung setzt voraus, dass ein Vertrag zustande gekommen ist. Da ein Vertrag einen Konsens über die objektiv wesentlichen Punkte erfordert, ist eine Ergänzung in diesem Punkt nicht möglich.
6. Als Mittel zur Füllung einer Lücke kommen für das Gericht infrage: Das *dispositive Gesetzesrecht*, eine selbst geschaffene Regel *(modo legislatoris)* oder der *hypothetische Parteiwille*. Wie die drei Mittel der Vertragsergänzung zueinander stehen, ist umstritten. Der Theorienstreit hat aber kaum praktische Auswirkungen, da sich die Ergebnisse meist decken.

Vertragsanpassung bei «veränderten Verhältnissen»

7. Nach dem Prinzip der *Vertragstreue* («pacta sunt servanda») ist der Vertrag trotz der Verhältnisänderung grundsätzlich so zu erfüllen, wie er vereinbart worden ist.
8. Die Frage nach einer richterlichen Vertragsanpassung aufgrund veränderter Verhältnisse stellt sich erst, wenn die Anpassung nicht bereits im Vertrag geregelt ist (z.B. mit einer Indexklausel), die Parteien sich nicht auf eine Vertragsänderung einigen können und das Gesetz keine Bestimmung über die Anpassung enthält (z.B. OR 266g oder OR 373 Abs. 2).

Übungsfall 1: Bezeichnung des Vertrags durch die Parteien

Die Qualifikation eines Vertrags bestimmt sich nicht nach der Bezeichnung durch die Parteien, sondern nach dessen Inhalt (OR 18 Abs. 1). Die rechtliche Würdigung eines Vertrags bleibt damit dem Parteiwillen entzogen (vgl. z.B. Entscheid des Bundesgerichts vom 10. Januar 2005, 4P.235/2004 E. 3.4).

Der Vertrag zwischen Anna und Petra weist nicht die Merkmale eines Kaufvertrags auf. Vielmehr ist nach Massgabe seines Inhalts auf eine reine Sicherungsabrede zu schliessen (Innominatkontrakt). Unabhängig von der Bezeichnung durch die Parteien hat das Gericht den Vertrag daher als reine Sicherungsabrede und nicht als Kaufvertrag zu behandeln.

Übungsfall 2: Clausula rebus sic stantibus

a) Die erfolgreiche Berufung auf die *clausula rebus sic stantibus* setzt (i) die nachträgliche Veränderung der Verhältnisse, (ii) die fehlende Voraussehbarkeit und Vermeidbarkeit der Verhältnisänderung, (iii) die gravierende

Äquivalenzstörung und (iv) kein widersprüchliches Parteiverhalten voraus. Vorliegend ist bereits die erste Voraussetzung nicht erfüllt. Die erste Voraussetzung erfordert, dass die Verhältnisse nicht mit der Wirklichkeit übereinstimmen, wie sie zur Zeit des Vertragsschlusses bestanden haben. A erfüllte die Voraussetzungen für die Teilnahme an der Prüfung aber bereits bei Abschluss des Unterrichtsvertrags mit B nicht. Damit unterlag A einem Irrtum, als er den Vertrag schloss. Infrage kommt damit einzig, ob A den Vertrag aufgrund eines Grundlagenirrtums anfechten kann.

b) Nein. Massgebend ist die objektive Voraussehbarkeit (BGE 127 III 300 E. 5.b.aa). Eine voraussehbare Änderung der Verhältnisse liegt vor, wenn die Partei, die sich auf die Verhältnisänderung beruft, nach dem gewöhnlichen Lauf der Dinge mit der späteren Entwicklung vernünftigerweise rechnen musste. Entscheidend ist mithin, ob die Wahrscheinlichkeit der Verhältnisänderung so gross war, dass für eine vernünftige Person anstelle der Vertragspartei Grund bestand, beim Entscheid über den Vertragsabschluss oder dessen Ausgestaltung darauf Rücksicht zu nehmen (vgl. DFC 4A_375/2010 vom 22. November 2010, E. 3.1).

c) Nein. Die clausula rebus sic stantibus setzt voraus, dass sich die Partei, die sich auf die richterliche Anpassung beruft, nicht widersprüchlich verhält. Danach kann sich eine Partei etwa dann nicht auf die clausula rebus sic stantibus berufen, wenn sie sich den Verhältnissen nicht anpasst oder wenn sie die Verhältnisänderung selbst verursacht hat. Indem B dem A vorgeschlagen hat, den Vertrag so zu ändern, dass sich der Nachteil auf ein zumutbares Mass reduziert, würde bei Zustimmung des A keine gravierende Äquivalenzstörung mehr vorliegen. A hätte es also in der Hand gehabt, sich den Verhältnissen so anzupassen, dass keine gravierende Äquivalenzstörung mehr vorliegt. Mit der Weigerung von A, den Vertrag anzupassen, liegt auch eine Konstellation vor, die wertungsmässig derjenigen gleichkommt, wonach eine Partei die Verhältnisänderung nicht selbst verursacht haben darf. Nach dem Grundsatz, dass Verträge so zu halten sind, wie sie abgeschlossen worden sind, kann sich A nicht allein deshalb auf die clausula rebus sic stantibus berufen, nur weil die sofortige Auflösung für den A noch vorteilhafter wäre.

d) Nein. Das Gericht kann den Vertrag nur anpassen, also etwa die Vertragsdauer verlängern oder verkürzen, oder, was meist der Fall sein dürfte, den Vertrag ex nunc auflösen. Rückwirkend aufheben kann es den Vertrag nicht.

Lösungen zum 3. Teil: Inhalt des Vertrags

Grundsatz der Vertragsfreiheit

1. Die Vertragsfreiheit beinhaltet, dass eine Partei grundsätzlich frei darüber entscheiden kann, ob, mit wem und mit welchem Inhalt sie einen Vertrag abschliessen möchte.
2. Die Vertragsfreiheit weist die folgenden Aspekte auf: Abschlussfreiheit, Partnerwahlfreiheit, Inhaltsfreiheit (inkl. Typenfreiheit), Formfreiheit, Aufhebungs- und Änderungsfreiheit.

Schranken der Vertragsfreiheit

3. Nach einer gängigen Auffassung unterteilt man die Schranken der Inhaltsfreiheit in die *Unmöglichkeit*, *Widerrechtlichkeit* und *Sittenwidrigkeit*. Zum Teil wird weiter zwischen dem Verstoss gegen die öffentliche Ordnung und die Persönlichkeitsrechtswidrigkeit unterschieden.
4. Unmöglichkeit i.S.v. OR 20 liegt nach herrschender Auffassung vor, wenn die Unmöglichkeit *anfänglich*, *objektiv* und *dauernd* ist.
5. Widerrechtlichkeit i.S.v. OR 20 liegt vor, wenn ein Vertrag gegen *objektives* Recht verstösst.
6. Verträge, deren Inhalt gegen ein ethisches Minimum verstösst, sind sittenwidrig i.S.v. OR 20.
7. Nach traditioneller Auffassung sind Verträge mit unmöglichem, rechts- oder sittenwidrigem Inhalt nichtig. Ein nichtiger Vertrag erzeugt keine rechtsgeschäftliche Wirkung. Die Nichtigkeit besteht ex tunc, ist absolut und unheilbar. Sie ist von Amtes wegen zu beachten und jedermann kann sich jederzeit auf sie berufen. Die versprochenen Leistungen sind nicht mehr zu erbringen, bereits erbrachte Leistungen zurückzuerstatten (für Sachleistungen aus ZGB 641 Abs. 2 und ZGB 975 Abs. 1 [beachte aber ZGB 661 und 728], für nicht restituierbare Sachleistungen sowie andere Leistungen aus OR 62 ff. [beachte aber OR 66]).

Nach heute h.L. und Rechtsprechung ist ein Vertrag, der gegen OR 19/20 verstösst, nicht automatisch nichtig. Nichtigkeit liegt nur dann vor, wenn diese Rechtsfolge ausdrücklich vorgesehen ist oder sich aus dem Sinn und Zweck der verletzten Norm ergibt. Nach neuerer Lehrmeinung kann sich überdies bei einer persönlichkeitsrechtswidrigen Bindung nach ZGB 27 Abs. 2 nur der Träger des geschützten Rechts auf die Unwirksamkeit des Vertrags berufen.

Ein Vertrag mit unmöglichem, rechts- oder sittenwidrigem Inhalt ist gemäss OR 20 Abs. 2 lediglich teilnichtig, wenn der Inhaltsmangel bloss einzelne Teile des Vertrags betrifft (objektive Voraussetzung) und nicht anzunehmen ist, dass der Vertrag ohne die nichtigen Teile überhaupt nicht geschlossen worden wäre (subjektive Voraussetzung, nach Massgabe des hypothetischen Parteiwillens zu beurteilen).

Übervorteilung

8. A hat einen Anspruch auf die bezahlte Summe, wenn eine Übervorteilung nach OR 21 vorliegt. Zur Erfüllung des Tatbestands müssen drei Voraussetzungen erfüllt sein: Erstens muss ein *offenbares Missverhältnis* zwischen den vereinbarten Leistungen bestehen. Dem Sachverhalt kann man entnehmen, dass B einen Preis gefordert hat, der weit über dem objektiven Wert des Weckers liegt. Damit ist das erste Erfordernis gegeben. Zweitens muss eine *Beeinträchtigung der Entscheidungsfreiheit* beim Übervorteilten vorliegen. Das Gesetz nennt beispielhaft die Notlage, die Unerfahrenheit oder den Leichtsinn. Vorliegend ist die Unerfahrenheit gegeben, da A «keine Ahnung von den marktüblichen Preisen» hat. Schliesslich bedarf es einer *Ausbeutung*. Damit ist gemeint, dass der Übervorteilende die Ausnahmesituation bewusst ausnützt, um einen für ihn günstigen Vertrag herbeizuführen. Da B die Unerfahrenheit von A ausnützt, um einen höheren Kaufpreis verlangen zu können, ist dieses Kriterium ebenfalls erfüllt. Mit seiner Äusserung, den Wecker zurückgeben und sein Geld zurückhaben zu wollen, erklärt A den Vertrag für unverbindlich. Die erbrachten Leistungen sind zurückzuerstatten. A steht nach herkömmlicher Auffassung ein Anspruch aus ungerechtfertigter Bereicherung zu, nach einer neueren Lehrmeinung aus einem vertraglichen Rückabwicklungsverhältnis.

Vorvertrag

9. Nach Auffassung des BGer kann direkt auf Erfüllung des Hauptvertrags geklagt werden, wenn die gleichen Parteien des Vorvertrags den Hauptvertrag abschliessen sollen und der Vorvertrag bereits alle wesentlichen Elemente des Hauptvertrags enthält (BGE 118 II 33 f.; sog. Einstufentheorie).

Übungsfall 1: Unmöglichkeit

Unmöglichkeit i.S.v. OR 20 liegt nach herrschender Auffassung vor, wenn sie anfänglich, objektiv und dauernd ist. Nach Massgabe dieses Grundsatzes sind die Fragen wie folgt zu beantworten:

a) A verkauft ein Auto, das bereits vor Vertragsschluss zerstört worden ist. Damit verspricht er eine Leistung, die anfänglich unmöglich ist i.S.v. OR 20.

b) Die Leistung von A wird erst nach Vertragsschluss unmöglich (nachträgliche objektive Unmöglichkeit). Damit liegt keine Unmöglichkeit i.S.v. OR 20 vor.

c) A war bereits bei Vertragsschluss nicht in der Lage, den Vertrag zu erfüllen. Die anfängliche Unmöglichkeit ist jedoch keine objektive, da ein Dritter, nämlich der Dieb, das Auto liefern könnte. Damit liegt eine anfängliche subjektive Unmöglichkeit vor, die nicht unter OR 20 fällt.

d) Es liegt kein dauerndes, sondern bloss ein vorübergehendes Leistungshindernis vor. Es liegt daher keine Unmöglichkeit i.S.v. OR 20 vor.

e) B – und nicht jemand anderes – soll an der Hochzeit Geige spielen. Da B bereits bei Vertragsschluss nicht Geige spielen konnte, liegt eine anfängliche objektive Unmöglichkeit i.S.v. OR 20 vor.

Übungsfall 2: Widerrechtlichkeit

Widerrechtlichkeit i.S.v. OR 20 liegt vor, wenn ein Vertrag gegen objektives Recht verstösst. Nach Massgabe dieses Grundsatzes sind die Fragen wie folgt zu beantworten:

a) Verträge begründen lediglich subjektive Rechte. Daher ist ein Vertrag, der gegen eine andere vertragliche Abrede verstösst, nicht widerrechtlich i.S.v. OR 20.

b) Die Verjährungsabrede verstösst gegen die zwingende Vorschrift von OR 128 Ziff. 3 (vgl. OR 129). Die Lehre ist sich uneinig, ob ein Vertrag, der gegen zwingendes Recht verstösst, widerrechtlich i.S.v. OR 20 ist oder ob sich die Widerrechtlichkeit unmittelbar aus der verletzten Norm ergibt und daher ein Rückgriff auf OR 20 unnötig ist.

c) Das Motiv einer Vertragspartei für den Abschluss eines Vertrags begründet keine Widerrechtlichkeit i.S.v. OR 20. Der Kaufvertrag ist daher nicht widerrechtlich.

d) Der Vertragsinhalt ist widerrechtlich, wenn der Gegenstand der Vereinbarung, der Abschluss mit dem vereinbarten Inhalt oder der mittelbare Zweck, der den Parteien gemeinsam ist, widerrechtlich ist. Hier trifft Letzteres zu, weshalb der Darlehensvertrag widerrechtlich ist i.S.v. OR 20.

e) Das Versprechen von A, sich scheiden zu lassen, betrifft einen höchstpersönlichen Bereich, in dem gemäss ZGB 27 keine bindende Vereinbarung getroffen werden kann. Daher ist ein solcher Vertrag widerrechtlich i.S.v. OR 20.

Übungsfall 3: Sittenwidrigkeit

Verträge, deren Inhalt gegen ein ethisches Minimum verstösst, sind sittenwidrig i.S.v. OR 20. Nach Massgabe dieses Grundsatzes sind die Fragen wie folgt zu beantworten:

a) Ein Versprechen, eine Prüfung für eine andere Person abzulegen, ist als sittenwidrig zu erachten, da eine solche Abrede gegen das ethische Minimum verstösst.

b) Nach Auffassung des Bundesgerichts und wohl überwiegender Auffassung in der Lehre ist der Prostitutionsvertrag sittenwidrig.

c) Nach Auffassung des BGer ist der Vertrag, der durch eine Bestechung zustande gekommen ist, nicht sittenwidrig. Das Schmiergeldversprechen selbst ist es jedoch.

Lösungen zum 4. Teil: Mängel des Vertragsschlusses

Übersicht

1. Das Gesetz unterscheidet zwischen Irrtum (OR 23 ff.), absichtlicher Täuschung (OR 28) und Furchterregung (OR 29 f.).
2. Ja. Ein Vertrag kann nur dann mit einem Willensmangel behaftet sein, wenn der Vertrag überhaupt zustande gekommen ist. Ein Vertrag kommt nur dann zustande, wenn (tatsächlicher oder normativer) Konsens vorliegt.

Irrtum

3. Beim Erklärungsirrtum entspricht die nach dem Vertrauensprinzip ausgelegte Erklärung einer Vertragspartei nicht ihrem Willen. Beim Motiv- und Grundlagenirrtum deckt sich zwar das Erklärte mit dem Gewollten, doch der Wille einer Vertragspartei beruht auf einer falschen oder fehlenden Vorstellung über den tatsächlichen Sachverhalt. Beim Erklärungsirrtum wird der Wille mangelhaft kundgegeben, beim Motiv- und Grundlagenirrtum wird der Wille mangelhaft gebildet.
4. a) A irrt sich über die Bedeutung des Worts «cincuenta». Damit irrt er sich über den Inhalt seiner Erklärung.

   b) A verspricht sich. Damit misslingt ihm die «technische» Umsetzung seines Willens. Es liegt daher ein Irrtum im Erklärungsakt vor.
5. Der in Ziff. 1 geschilderte Fall wird auf Lateinisch als *error in negotio* bezeichnet, auf Deutsch wird er *Irrtum über die Natur des Rechtsgeschäfts* genannt.

   Ziff. 2 behandelt den *error in corpore vel in persona*. Auf Deutsch spricht man vom *Irrtum über die Identität der Sache oder der Person*.

   Ziff. 3 regelt schliesslich den *error in quantitate*. Auf Deutsch heisst er *Irrtum über den Umfang von Leistung oder Gegenleistung*.
6. Nein. OR 27 behandelt den *Übermittlungsirrtum*. Davon erfasst ist nur die unrichtige Übermittlung durch eine Übermittlungsperson (z.B. Bote, Dolmetscher oder Mäkler). Der Stellvertreter ist keine Übermittlungsperson, da er eine eigene Erklärung abgibt und nicht bloss eine fremde Erklärung weiterleitet. Unterliegt der Stellvertreter beim Vertragsschluss einem Erklärungsirrtum und möchte der Vertretene nicht an diesen Vertrag gebunden

sein, hat dieser einen Erklärungsirrtum geltend zu machen und keinen Übermittlungsirrtum.

7. Ein Grundlagenirrtum setzt *subjektive Wesentlichkeit* voraus: Danach muss der irrtümlich vorgestellte Sachverhalt für den Irrenden eine notwendige Grundlage des Vertrags (conditio sine qua non) bilden.

   Weiter braucht es eine *objektive Wesentlichkeit*: Der Irrende darf den vorgestellten Sachverhalt auch nach Treu und Glauben im Geschäftsverkehr als notwendige Grundlage des Vertrags betrachten.

   Schliesslich muss gemäss BGer die Bedeutung, die der Irrende dem vorgestellten Sachverhalt beimisst, auch für den Irrtumsgegner *erkennbar* sein. Diese Voraussetzung ist in der Lehre umstritten.

8. Ja. Der Irrtum kann Umstände betreffen, die sowohl innerhalb als auch ausserhalb des Vertrags liegen.

9. Diese Frage ist in der Lehre sehr umstritten. Das BGer lässt eine Anfechtung zu, wenn der Irrende das zukünftige Ereignis fälschlicherweise als sicher annahm, aber auch die Gegenpartei nach Treu und Glauben im Geschäftsverkehr hätte erkennen müssen, dass die Sicherheit für die andere Partei Vertragsvoraussetzung war. Hoffnungen, übertriebene Erwartungen oder Spekulationen erfüllen die vom BGer aufgestellten Erfordernisse nicht.

10. Ein blosser Rechnungsfehler oder *offener Kalkulationsirrtum* liegt vor, wenn die Berechnungsgrundlage Vertragsinhalt bildet und das Resultat der Rechnung auf einem Fehler beruht. Wurde die Berechnungsgrundlage hingegen nicht Vertragsinhalt *(versteckter Kalkulationsirrtum)*, findet OR 24 Abs. 3 keine Anwendung. In diesem Fall liegt grundsätzlich ein unbeachtlicher Motivirrtum vor.

11. Ja. Gemäss OR 26 trifft den fahrlässig Irrenden aber eine Schadenersatzpflicht, sofern der Anfechtungsgegner den Irrtum nicht gekannt hat und auch nicht hätte kennen sollen.

12. Bei einem wesentlichen Irrtum ist der Vertrag *einseitig unverbindlich*. Das bedeutet, dass der Irrende während der Frist von OR 31 frei über die Gültigkeit des Vertrags entscheiden kann.

13. Gemäss BGer genehmigt der Käufer den Vertrag nach OR 31, wenn er die Sachgewährleistungsansprüche geltend macht. Die Berufung auf den Grundlagenirrtum ist danach nicht mehr möglich.

Absichtliche Täuschung

14. Das Verschweigen vorhandener Tatsachen stellt ein täuschendes Verhalten dar, wenn die Gegenseite eine *Aufklärungspflicht* trifft. Eine solche Pflicht kann sich aus Vertrag, einer besonderen gesetzlichen Bestimmung, dem Grundsatz von Treu und Glauben oder der herrschenden Anschauung ergeben. Wann dies zutrifft, ist im Einzelfall zu entscheiden. Generell kann aber gesagt werden, dass sich etwa aus einem Dauerschuldverhältnis oder aus einer besonderen Vertrauensbeziehung eine erhöhte Pflicht zur Aufklärung ergibt. Jedenfalls ist eine Aufklärungspflicht dann zu bejahen, wenn die eine Seite erkennt, dass sich ihr Gegenüber in einem wesentlichen Irrtum befindet.

15. Ja. Das täuschende Verhalten kann sowohl äussere Eigenschaften des Vertragsgegenstands wie die Qualität der Ware als auch innere Umstände wie die fehlende Erfüllungsbereitschaft betreffen.

Furchterregung

16. Ja. Es genügt, wenn der Bedrohte die Verwirklichung für möglich halten darf, wobei dies nicht objektiv, sondern aus der Perspektive des Bedrohten beurteilt wird.

17. Ja. Der Gesetzgeber geht damit weiter als bei der absichtlichen Täuschung, bei der gemäss OR 28 Abs. 2 die Anfechtung nur dann möglich ist, wenn die Vertragsgegenseite die Täuschung durch den Dritten hätte kennen müssen. Zu beachten ist aber OR 29 Abs. 2, wonach der Bedrohte, der den Vertrag nicht halten will, der Gegenseite nach Billigkeit Schadenersatz zu leisten hat, wenn diese die Drohung durch den Dritten nicht gekannt hat und auch nicht hätte kennen sollen.

Rechtslage bei einseitiger Unverbindlichkeit des Vertrags

18. Nach der *Ungültigkeitstheorie* ist der Vertrag von Beginn an ungültig. Macht die geschützte Partei – also die übervorteilte oder vom Willensmangel betroffene Vertragsseite – die Unverbindlichkeit aber nicht binnen Frist geltend oder genehmigt sie den Vertrag auf andere Weise, wird der Vertrag ex tunc wirksam. Damit liegt ein aufschiebend bedingter Vertrag vor.

Nach der *Anfechtungstheorie* liegt ein anfänglich gültiger Vertrag vor, den die geschützte Partei mit der Anfechtung ex tunc aufheben kann. Der Vertrag ist also auflösend bedingt.

Nach der *Theorie der geteilten Ungültigkeit* ist der Vertrag für die betroffene Partei von Anfang an ungültig, für die andere aber bis zur Geltendmachung der Unverbindlichkeit gültig.

Das BGer hat sich in BGE 114 II 143 der Ungültigkeitstheorie angeschlossen, dabei aber offengelassen, ob es sich um die volle oder geteilte Ungültigkeit handelt (erste oder dritte Theorie). Der überwiegende Teil der Lehre spricht sich hingegen für die Anfechtungstheorie aus.

19. Nach der Anfechtung sind die versprochenen Leistungen nicht mehr zu erbringen. Bereits erbrachte Leistungen sind Zug um Zug zurückzuerstatten (für Sachleistungen aus ZGB 641 Abs. 2 und ZGB 975 Abs. 1 [beachte aber ZGB 661 und 728], für nicht restituierbare Sachleistungen sowie andere Leistungen aus OR 62 ff.).

Nach neuerer Lehrmeinung wandelt sich der Vertrag in ein vertragliches Rückabwicklungsverhältnis um. Der frühere Zustand ist danach nicht über Vindikations- und Kondiktionsansprüchen, sondern über einheitliche vertragliche Grundsätze wiederherzustellen.

Gemäss BGer bewirkt die Anfechtung ganz oder teilweise erfüllter Dauerschuldverhältnisse grundsätzlich eine ausserordentliche Kündigung des Vertrags ex nunc. Eine Ausnahme ist dann zu machen, wenn sich der Willensmangel auf das Synallagma selbst auswirkte, d.h. für das Leistungsversprechen der vom Willensmangel betroffenen Partei in quantitativer Hinsicht bestimmend war. Hier kann die Anfechtung insoweit zurückwirken, als die gegenseitigen Leistungen in gerichtlicher Vertragsanpassung nach dem Regelungsgedanken von OR 20 Abs. 2 modifiziert werden (vgl. dazu den leading case BGE 129 III 320).

20. Betrifft der Willensmangel bloss eine Klausel des Vertrags, so ist gemäss BGer analog zu OR 20 Abs. 2 nur dieser Teil unverbindlich, wenn nicht anzunehmen ist, dass der Vertrag ohne ihn nicht geschlossen worden wäre. Dafür muss der Inhalt des Vertrags subjektiv und objektiv teilbar sein, sodass der verbleibende Teil noch immer ein sinnvolles Vertragsganzes bildet, das für sich selbst bestehen kann (vgl. insbesondere BGE 130 III 56; 107 II 423 f.).

Umstritten ist, ob auch der Täuschende und der Drohende (sowie über die Willensmängel hinaus der Übervorteilende) die Teilunverbindlichkeit geltend machen können, wenn der Anfechtende die Ganzunverbindlichkeit fordert.

21. OR 31 enthält eine *relative einjährige Verwirkungsfrist*. Diese knüpft nicht an den Vertragsschluss (vgl. aber OR 21 Abs. 2), sondern beim Irrtum und der absichtlichen Täuschung an die Entdeckung des Willensmangels und bei der Drohung an die Beseitigung der Furcht an. Eine absolute Verwirkungsfrist für die Geltendmachung von Willensmängeln ist im Gesetz nicht vorgesehen. Damit kann die berechtigte Partei den Vertrag grundsätzlich noch Jahrzehnte nach dessen Abschluss anfechten. Immerhin kann sich eine zeitliche Schranke für den Irrtum aus OR 25 Abs. 1 und für die Täuschung und Drohung aus ZGB 2 Abs. 2 ergeben.

Ein Teil der Lehre spricht sich insbesondere bei bereits vollzogenen Verträgen für eine fünf- oder zehnjährige absolute Verwirkungsfrist aus. Nach BGer besteht jedoch lediglich die relative Frist von OR 31.

Zu beachten ist, dass die Rückleistungsansprüche, die mit der Anfechtung entstehen, verjähren oder untergehen können. Bei einem Anspruch aus ungerechtfertigter Bereicherung ist daher OR 67, bei der Vindikation die Ersitzung zu berücksichtigen.

Übungsfall 1: Wesentlicher Erklärungsirrtum?

a) Zu prüfen ist OR 24 Abs. 1 Ziff. 2 (Irrtum über die Identität der Sache oder Person, error in corpore vel in persona). Gemäss BGer ist der Irrtum über die Identität einer Person dann wesentlich, wenn der Irrende den Vertrag gerade mit Blick auf eine bestimmte Person abschliesst. Gemäss Sachverhalt ist es A wichtig, dass der künftige Eigentümer seinen Hund gut behandelt und dessen Stammbaum zu schätzen weiss. Insbesondere die Tierliebe ist auch objektiv betrachtet ein wesentlicher Punkt, weshalb A den Vertrag für unverbindlich erklären kann.

b) Die Fälle, in denen der Irrende keinen Vertrag eingehen wollte, werden unter OR 24 Abs. 1 Ziff. 1 subsumiert (Irrtum über die Natur des Rechtsgeschäfts, error in negotio). Da A bei Abgabe seiner Scherzerklärung keinen Rechtsbindungswillen hatte, kann er den Vertrag anfechten.

c) A unterliegt einem Rechtsfolgenirrtum. Nach Rechtsprechung und h.L. stellt ein Rechtsfolgenirrtum keinen Erklärungsirrtum (in Betracht käme dabei OR 24 Abs. 1 Ziff. 1), sondern einen unbeachtlichen Motivirrtum dar. Folglich kann A den Vertrag nicht anfechten.

d) A schätzt den Wert des Schmuckstücks falsch ein. Der Irrtum über den Wert der verabredeten Leistung ist kein Erklärungsirrtum, sondern ein Motivirrtum. In der Lehre ist umstritten, ob ein solcher Irrtum wesentlich und damit ein Grundlagenirrtum sein kann.

Anders zu beurteilen ist die Variante des Schmuckstück-Falls: Hier ist OR 24 Abs. 1 Ziff. 3 einschlägig (Irrtum über den Umfang von Leistung und Gegenleistung, error in quantitate). Der Unterschied zwischen der versprochenen und der tatsächlichen gewollten Leistung bzw. Gegenleistung muss erheblich sein, ansonsten liegt kein wesentlicher Erklärungsirrtum vor. Da A das Schmuckstück dreimal so teuer und daher zu einem Mehrbetrag von CHF 10'000.– hätte verkaufen können, ist diese Voraussetzung vorliegend erfüllt.

Übungsfall 2: Die falsche CD

Anna geht beim Kauf davon aus, dass es sich um die neueste CD der betreffenden Band handelt. Damit stellt sich die Frage, ob sie den Vertrag wegen Grundlagenirrtums gemäss OR 24 Abs. 1 Ziff. 4 anfechten kann. Da Beat gewusst hat, dass Anna die falsche CD kauft, ist überdies zu prüfen, ob eine absichtliche Täuschung gemäss OR 28 vorliegt.

Der Grundlagenirrtum setzt zunächst die subjektive Wesentlichkeit voraus. Danach muss der Irrende den irrtümlich vorgestellten Sachverhalt zur Zeit des Vertragsschluss als notwendige Grundlage des Vertrags betrachten. Hätte sich der Erklärende nicht in einem Irrtum befunden, hätte er den Vertrag nicht oder nicht mit dem betreffenden Inhalt abgeschlossen. Gemäss Sachverhalt kauft Anna die CD für ihre Freundin Barbara. Da Barbara aber das neueste Album haben möchte, hätte Anna bei Kenntnis des richtigen Sachverhalts die ältere CD nicht gekauft.

Weiter muss der Grundlagenirrtum objektiv wesentlich sein. Dieses Erfordernis ist erfüllt, wenn der Irrende den vorgestellten Sachverhalt nach Treu und Glauben im Geschäftsverkehr als notwendige Grundlage des Vertrags betrachten durfte. Auch für einen durchschnittlichen Dritten würde es eine notwendige Grundlage des Vertrags bilden, die richtige CD zu erwerben. Damit ist auch diese Voraussetzung erfüllt.

Schliesslich muss gemäss BGer und einem Teil der Lehre die Bedeutung, die der Irrende dem irrtümlich vorgestellten Sachverhalt beimisst, für die Gegenpartei erkennbar sein. Beat wusste, dass Anna die CD kauft, weil sie fälschlicherweise davon ausging, dass es dieses Album sei, das Barbara haben wolle. Somit ist die Erkennbarkeit gegeben.

Als Zwischenfazit kann festgehalten werden, dass Anna den Kaufvertrag wegen Grundlagenirrtums anfechten kann. Nachfolgend soll untersucht werden, ob sich Anna auch auf die absichtliche Täuschung nach OR 28 berufen kann.

Die absichtliche Täuschung setzt zunächst eine Täuschungshandlung voraus. Eine Täuschungshandlung liegt zum einen vor, wenn falsche Tatsachen vorgespiegelt bzw. richtige Tatsachen aktiv unterdrückt werden. Zum anderen kann sie im Verschweigen vorhandener Tatsachen bestehen. Vorliegend ist die zweite Variante von Interesse, weshalb sie näher angeschaut werden soll:

Damit das Verschweigen vorhandener Tatsachen ein täuschendes Verhalten darstellt, muss die Gegenseite eine entsprechende Aufklärungspflicht haben. Eine solche Pflicht kann sich aus Vertrag, einer besonderen gesetzlichen Bestimmung, dem Grundsatz von Treu und Glauben oder der herrschenden Anschauung ergeben. Wann dies zutrifft, ist im Einzelfall zu entscheiden. Jedenfalls besteht dann eine Aufklärungspflicht, wenn die eine Seite erkennt, dass sich ihr Gegenüber in einem wesentlichen Irrtum befindet. Das gilt selbst dann, wenn es möglich gewesen wäre, mittels Fragen oder eigenen Nachforschungen Kenntnis über die verschwiegene Tatsache zu erlangen.

Beat weiss, dass Anna von der falschen Annahme ausgeht, die neueste CD der Band zu erwerben. Trotzdem weist er sie nicht auf den als wesentlich zu erachtenden Irrtum hin. Dass Anna sich danach hätte erkundigen können, ob sie tatsächlich das neueste Album in den Händen hält, ändert nichts daran, dass Beat eine Aufklärungspflicht hatte. Damit ist das Verhalten von Beat als täuschend i.S.v. OR 28 zu qualifizieren.

Die absichtliche Täuschung muss ferner widerrechtlich sein. An der Widerrechtlichkeit fehlt es z.B., wenn der Bewerber in einem Vorstellungsgespräch eine persönlichkeitsverletzende Frage falsch beantwortet. Bei der Täuschung durch Verschweigen wird mit der Prüfung der Aufklärungspflicht zugleich die Widerrechtlichkeit untersucht. Verschweigt also die Vertragspartnerin eine Tatsache, obwohl sie eine Aufklärungspflicht trifft, handelt sie widerrechtlich.

Gefordert wird weiter eine Täuschungsabsicht. Danach muss der Täuschende wissen oder zumindest in Kauf nehmen, dass er durch sein aktives Verhalten bei seinem Vertragspartner einen Irrtum hervorruft oder einen solchen durch sein Schweigen aufrechterhält. Beat weiss, dass er durch sein Schweigen den Irrtum von Anna über die Aktualität des Albums aufrechterhält. Damit handelt er mit Täuschungsabsicht.

Die absichtliche Täuschung muss beim Getäuschten einen Motivirrtum verursachen oder aufrechterhalten. Indem Beat schweigt, belässt er Anna in ihrem Motivirrtum, die neueste CD der betreffenden Band zu kaufen. Auch dieses Kriterium ist erfüllt.

Schliesslich muss zwischen dem Motivirrtum und dem Vertragsabschluss ein Kausalzusammenhang bestehen. Ein solcher ist nicht gegeben, wenn der Getäuschte bei Kenntnis des wahren Sachverhalts die gleiche Willenserklärung abgegeben hätte. Anna will ihrer Freundin die von ihr gewünschte CD kaufen. Sie hätte den Kaufvertrag nicht abgeschlossen, wenn sie gewusst hätte, dass sie tatsächlich ein anderes Album erwirbt. Folglich ist der Kausalzusammenhang zu bejahen.

Zwischen Grundlagenirrtum und absichtlicher Täuschung besteht Anspruchskonkurrenz. Damit kann sich Anna sowohl auf den Grundlagenirrtum als auch auf die absichtliche Täuschung berufen. Macht Anna in einem Verfahren beide Tatbestände geltend, geht die absichtliche Täuschung vor, da sie dem Anfechtenden eine bessere Rechtstellung einräumt.

Variante: Nach OR 26 trifft den fahrlässig Irrenden eine Schadenersatzpflicht, wenn der Anfechtungsgegner den Irrtum nicht gekannt hat und auch nicht hätte kennen sollen. Da Beat den Irrtum von Anna gekannt hat, steht ihm kein Schadenersatzanspruch zu. Hätte Beat die Bemerkung von Anna nicht gehört, wäre – bei Annahme eines Grundlagenirrtums (vgl. dazu der letzte Absatz) – anders zu entscheiden:

Anna hätte sich danach erkundigen können, ob sie wirklich die aktuelle CD kauft. Ihren Irrtum hat sie ihrer eigenen Fahrlässigkeit zuzuschreiben. Da Beat bei der Variante den Irrtum weder gekannt hat noch hätte kennen müssen, steht ihm ein Schadenersatzanspruch zu. Nach OR 26 Abs. 1 ist das negative Interesse geschuldet. Das negative Interesse kann auch entgangenen Gewinn umfassen, wenn der Geschädigte belegen kann, dass er wegen des nun dahingefallenen Vertrags auf den Vertragsschluss mit einem Dritten verzichten musste. Damit kann Beat von Anna grundsätzlich den Preis der CD geltend machen.

Anzumerken ist aber, dass das BGer sowie ein Teil der Lehre das Vorliegen eines Grundlagenirrtums wohl verneinen würden, wenn Beat die Bemerkung nicht gehört hätte und auch nicht hätte hören müssen. In diesem Fall wäre nämlich das Kriterium der Erkennbarkeit nicht erfüllt, da die Bedeutung, die Anna dem irrtümlich vorgestellten Sachverhalt beimisst, für Beat nicht erkennbar war.

Bei diesem Ergebnis kann Anna den Vertrag nicht anfechten, weshalb sich die Frage nach einem Schadenersatzanspruch von Beat erst gar nicht stellt.

Lösungen zum 5. Teil: Stellvertretung

Übersicht

1. Der Stellvertreter gibt eine eigene Willenserklärung mit Wirkung für den Vertretenen ab (aktive Stellvertretung) oder nimmt eine Willenserklärung mit Wirkung für den Vertretenen entgegen (passive Stellvertretung). Demgegenüber übermittelt der Bote lediglich eine fremde Willenserklärung.

2. Der direkte Stellvertreter handelt *in fremdem Namen* und *auf fremde Rechnung*. Die Rechtswirkungen treten direkt beim Vertretenen ein.

   Der indirekte Stellvertreter handelt ebenfalls *auf fremde Rechnung*, aber *in eigenem Namen*. Die Rechtswirkungen treten beim indirekten Stellvertreter ein. Um sie auf den Vertretenen zu übertragen, bedarf es weiterer Rechtshandlungen (z.B. Abtretung oder Schuldübernahme).

3. Der Stellvertreter nach OR 32 ff. kann auch eine juristische Person sein, nicht aber der Prokurist oder der Handlungsbevollmächtigte. Diese müssen natürliche Personen sein.

Stellvertretung mit Ermächtigung

4. Die Vertretungswirkung setzt die *Vertretungsmacht* des Vertreters und das *Handeln in fremdem Namen* voraus. Weiter muss der Vertreter urteilsfähig und der Vertretene handlungsfähig sein.

5. Die gewillkürte Stellvertretung beruht auf einer Bevollmächtigung durch den Vertretenen. Die Ermächtigung, für den Vertretenen zu handeln, ergibt sich hier aus einem *Rechtsgeschäft*. Die rechtsgeschäftlich begründete Vertretungsmacht bezeichnet man als Vollmacht.

   Die Vertretungsmacht kann sich auch aus dem Gesetz ergeben, dann spricht man von der *gesetzlichen Stellvertretung*. Gesetzliche Vertreter sind z.B. die Eltern unmündiger Kinder (ZGB 304 Abs. 1). Bei der *Organvertretung* beruht die Vertretungsmacht des Organvertreters auf seiner Stellung als Organ einer juristischen Person (ZGB 55).

6. Nein. Die Vertretung ist nicht zulässig bei den *vertretungsfeindlichen Geschäften*. Insbesondere das Familien- und das Erbrecht kennen Rechtshandlungen, für die eine Vertretung ausgeschlossen ist. So gelten etwa das Eingehen der Ehe oder das Errichten des Testaments als absolut höchstpersönliche Rechte, für die man sich nicht vertreten lassen kann.

7. Ist es dem Dritten gleichgültig, mit wem er den Vertrag abschliesst, tritt die Vertretungswirkung auch dann ein, wenn der Vertreter nicht anzeigt, dass er in fremdem Namen handelt (OR 32 Abs. 2). Es genügt, wenn der Dritte den Vertrag mit dem Vertretenen zu den gleichen Konditionen abgeschlossen hätte wie mit dem Vertreter. Nicht erforderlich ist, dass der Dritte den Vertrag mit einer beliebigen Person abgeschlossen hätte. Kurz: Die Vertretungswirkung tritt ein, wenn es dem Dritten gleichgültig war, ob er den Vertrag mit dem Vertreter oder dem Vertretenen eingeht.

8. Die Vollmacht ist die durch Rechtsgeschäft erteilte Vertretungsmacht. Die Erteilung der Vollmacht bezeichnet man als Bevollmächtigung. Die Bevollmächtigung ist ein einseitiges, empfangsbedürftiges und vom Grundverhältnis (z.B. Auftrag) losgelöstes Rechtsgeschäft. Die Bevollmächtigung ist damit der Akt, dessen Rechtsfolge die Vollmacht ist.

9. Nein. Die Formfreiheit gilt gemäss BGer auch dann, wenn sich die Bevollmächtigung auf den Abschluss eines formbedürftigen Vertrags bezieht (BGE 112 II 332; umstritten in der Lehre). Zu beachten ist aber, dass das Gesetz bisweilen Formvorschriften vorsieht für die Bevollmächtigung (z.B. OR 348b Abs. 1 oder OR 493 Abs. 6).

10. Die Vollmacht ist *abstrakt*. Sie ist ein selbstständiges Rechtsverhältnis und besteht unabhängig vom Grundgeschäft (z.B. Auftrag oder Arbeitsvertrag). Die Vollmacht ist damit auch dann gültig, wenn das Grundgeschäft mangelhaft ist. Faktisch besteht jedoch eine enge Bindung zwischen Vollmacht und Grundgeschäft: Nach OR 396 Abs. 2 wird etwa vermutet, dass der Auftraggeber dem Beauftragten die zur Auftragsausführung erforderliche Vollmacht erteilt. Mit Auflösung des Grundverhältnisses wird man in der Regel auch die Erlöschung der Vollmacht annehmen dürfen.

11. Zu den Insichgeschäften werden das *Selbstkontrahieren* (Selbsteintritt) und die *Doppelvertretung* gezählt. Der Abschluss eines Insichgeschäfts ist dann zulässig, wenn der Vertretene den Vertreter dazu besonders ermächtigt hat oder die Natur des Geschäfts die Gefahr der Benachteiligung ausschliesst. Eine Benachteiligung ist z.B. dann nicht zu befürchten, wenn

ein Fixpreis für den Kauf oder Verkauf besteht oder wenn der Vertrag zu Markt- oder Börsenpreisen abgeschlossen wird.

12. Nein. Das Widerrufsrecht ist unverzichtbar (OR 34 Abs. 2). Trotz erklärtem «Verzicht» kann der Vertretene die Vollmacht jederzeit widerrufen und sie damit zum Erlöschen bringen (OR 34 Abs. 1).
13. Ja. Nach OR 35 Abs. 1 erlischt die durch Rechtsgeschäft erteilte Vollmacht mit dem Tod des Vollmachtgebers nur, «sofern nicht das Gegenteil vereinbart ist oder aus der Natur des Geschäftes hervorgeht». Tatsächlich enthalten viele Bank- und Anwaltsvollmachten eine Klausel, wonach die Vollmacht postmortal gelten soll. Jeder Erbe kann diese Vollmacht indes widerrufen.

Stellvertretung ohne Ermächtigung

14. Stellvertretung ohne Ermächtigung liegt vor, wenn jemand einen Vertrag in fremdem Namen schliesst, ohne über die dafür erforderliche Ermächtigung zu verfügen. Die Vollmacht bestand entweder nie oder nie in dem für das Geschäft erforderlichen Umfang, oder sie ist nachträglich erloschen oder beschränkt worden.
15. Vor der Genehmigung befindet sich der Vertrag in einem Schwebezustand. Der Dritte ist vorläufig an seine Erklärung gebunden. Mit Genehmigung tritt eine Rechtslage ein, wie wenn der Vertreter mit Vollmacht gehandelt hätte. Die Genehmigung ersetzt also die fehlende Vollmacht und wirkt rückwirkend.
16. Schweigen gilt grundsätzlich als Ablehnung. Ausnahmsweise kann Schweigen eine Genehmigung darstellen, wenn Widerspruch möglich und zumutbar war und der Dritte das Schweigen nach Treu und Glauben als Zustimmung verstehen durfte.
17. Die Genehmigung kann sowohl gegenüber dem Dritten als auch gegenüber dem vollmachtlosen Stellvertreter erfolgen.
18. Die interne Vollmacht entspricht der Bevollmächtigung (vgl. OR 33 Abs. 2). Die externe Vollmacht ist die Dritten gegenüber mitgeteilte Vollmacht (vgl. OR 33 Abs. 3).
19. Nein. Nach OR 33 Abs. 3 wird aber der gutgläubige Dritte in seinem Vertrauen auf den vom Vertretenen erweckten Rechtsschein geschützt.

20. Ja. Um den guten Glauben des Dritten zu schützen, lässt das Gesetz die Vertretungswirkung ausnahmsweise eintreten, obwohl der Vertreter ohne Vollmacht handelt (OR 33 Abs. 3 und OR 34 Abs. 3).
21. Eine Duldungsvollmacht kann vorliegen, wenn der Vertretene weiss, dass eine Person als sein Vertreter auftritt, er aber dagegen nicht einschreitet. Eine Anscheinsvollmacht kann gegeben sein, wenn der Vertretene das Verhalten dieser Person nicht kennt, er es aber bei pflichtgemässer Aufmerksamkeit kennen und verhindern könnte (in der Lehre ist die Terminologie uneinheitlich, vgl. aber Entscheid des BGer vom 20. Januar 2003, 5C.244/2002, E. 3.2.2, leading case BGE 120 II 201).
22. Die Vertretungswirkung tritt nicht ein. Damit besteht zwischen Vertretenem und Drittem kein Vertrag.
23. Der vollmachtlose Vertreter wird nicht selbst an den von ihm abgeschlossenen Vertrag gebunden. Er ist dem Dritten jedoch zu Schadenersatz verpflichtet (OR 39).
24. Die Ansprüche des Vertretenen gegen den vollmachtlos handelnden Vertreter ergeben sich primär aus dem vertraglichen Grundverhältnis. Hat der Vertreter durch sein Verhalten den Vertrag mit dem Vertretenen schuldhaft verletzt, schuldet er Schadenersatz aus OR 97 ff.

Besteht zwischen ihnen kein Vertrag, können sich Ansprüche aus unerlaubter Handlung (OR 41 ff.), aus Geschäftsführung ohne Auftrag (OR 419 ff.) oder aus ungerechtfertigter Bereicherung ergeben (OR 62 ff.).

Übungsfall 1: Vertretungswirkung

a) B ist lediglich bevollmächtigt, die Plattensammlung für CHF 800.– zu verkaufen. Indem er die Platten für CHF 600.– verkauft, überschreitet er seine Vollmacht. Damit handelt er als vollmachtloser Stellvertreter. In diesen Fällen tritt die Vertretungswirkung nur dann ein, wenn der Vertretene den Vertrag genehmigt (OR 38 Abs. 1) oder der Dritte in seinem Vertrauen auf den Bestand und den Umfang der Vollmacht zu schützen ist (OR 33 Abs. 3 und OR 34 Abs. 3).

A erklärt gegenüber C, dass er sich nicht an den Vertrag gebunden fühle. Daraus ist ersichtlich, dass A den Vertrag nicht genehmigt. Weiter liegen keine Anhaltspunkte vor, die für einen Gutglaubensschutz des Dritten sprechen würden. Folglich treten die Vertretungswirkungen nicht ein und A braucht die Platten nicht herauszugeben.

b) Indem B auf der einen Seite als Stellvertreter von A als Verkäufer und auf der anderen Seite als Käufer einen Vertrag abschliesst, liegt ein sog. Selbstkontrahieren vor. Grundsätzlich gilt, dass Insichgeschäfte – zu denen neben dem Selbstkontrahieren auch die Doppelvertretung zählt – von einer Vollmacht nicht abgedeckt sind. Vorbehältlich einer Genehmigung des Vertretenen treten die Vertretungswirkungen daher nicht ein.

Von diesem Grundsatz ist eine Ausnahme zu machen, wenn der Vertretene den Vertreter dazu besonders ermächtig hat oder die Natur des Geschäfts die Gefahr der Benachteiligung ausschliesst. Eine Benachteiligung ist z.B. dann nicht zu befürchten, wenn ein Fixpreis für den Kauf- oder Verkauf besteht oder wenn der Vertrag zu Markt- oder Börsenpreisen abgeschlossen wird.

Gemäss Sachverhalt soll B das Auto für CHF 5'000.– verkaufen. Damit liegt ein Fixpreis vor. Da keine Gefahr der Benachteiligung von A besteht, wenn B den Vertrag mit sich selbst zu diesem Kaufpreis abschliesst, treten die Vertretungswirkungen ausnahmsweise ein.

c) Da A die Vollmacht von B widerruft, schliesst B den Vertrag als vollmachtloser Stellvertreter ab. Zur Diskussion steht hier, ob aufgrund des Gutgläubensschutzes von C die Vertretungswirkung trotzdem eintritt.

Nach OR 34 Abs. 3 kann der Vertretene dem gutgläubigen Dritten den Widerruf nur dann entgegensetzen, wenn er ihm diesen mitgeteilt hat. Da es A versäumt hat, C über den Widerruf zu informieren, wird C in seinem guten Glauben geschützt. Die Vertretungswirkungen treten damit trotz fehlender Vollmacht ein.

d) Nach OR 35 Abs. 1 erlischt die durch Rechtsgeschäft erteilte Vollmacht, wenn der Vollmachtgeber stirbt, sofern nicht das Gegenteil vereinbart worden ist oder aus der Natur des Geschäftes hervorgeht. Da sich im Sachverhalt keine Anhaltspunkte finden für die beiden Ausnahmetatbestände, ist die Vollmacht von B mit dem Tod von A grundsätzlich erloschen.

OR 37 Abs. 1 statuiert jedoch eine Ausnahme zu dieser Rechtsfolge. Danach berechtigt und verpflichtet der Stellvertreter den Vollmachtgeber oder dessen Rechtsnachfolger, wie wenn die Vollmacht noch bestehen würde, solange der Vertreter keine Kenntnis vom Erlöschen der Vollmacht hat und haben muss. Nach Abs. 2 von OR 37 ist weiter vorausgesetzt, dass der Dritte keine Kenntnis vom Erlöschen der Vollmacht hat.

Da weder B noch C wissen konnten, dass A gestorben ist, bindet B die Rechtsnachfolger von A mit Abschluss des Vertrags.

e) Grundsätzlich setzt die Vertretungswirkung voraus, dass der Stellvertreter in fremdem Namen handelt. Ist es dem Dritten aber gleichgültig, mit wem er den Vertrag abschliesst, tritt die Vertretungswirkung trotzdem ein (OR 32 Abs. 2). Für den Eintritt der Vertretungswirkung genügt es, wenn der Dritte den Vertrag mit dem Vertretenen zu den gleichen Konditionen abgeschlossen hätte wie mit dem Vertreter. Nicht erforderlich ist aber, dass der Dritte den Vertrag mit einer beliebigen Person abgeschlossen hätte.

Es liegt auf der Hand, dass es dem Discounter gleichgültig ist, ob er die Digitalkamera A oder B verkauft. Daher tritt die Vertretungswirkung ein, obwohl B den Vertrag nicht in fremdem Namen abgeschlossen hat.

Übungsfall 2: Anscheins- und Duldungsvollmacht

Eine Duldungsvollmacht kann vorliegen, wenn der Vertretene Kenntnis vom Auftreten des Vertreters hat, dagegen aber nicht einschreitet. Kennt er das Verhalten des Vertreters hingegen nicht, könnte er es aber bei pflichtgemässer Aufmerksamkeit kennen und verhindern, kann eine Anscheinsvollmacht gegeben sein. Im einen wie im anderen Fall tritt die Vertretungswirkung trotz fehlender Vollmacht nur bei berechtigter Gutgläubigkeit des Dritten ein. Sowohl die Duldungs- als auch die Anscheinsvollmacht wird vom Regelungsgedanken des OR 33 Abs. 3 erfasst.

Nach Rechtsprechung und Lehre kommt der Vertrauensschutz gemäss OR 33 Abs. 3 im kaufmännischen Verkehr aufgrund der in OR 933 Abs. 1 vorgesehenen positiven Publizitätswirkung des Handelsregistereintrags nur ausnahmsweise in Betracht. Handelt ein Kollektivorgan allein und ist die Vollmacht im Handelsregister eingetragen, kann sich ein Dritter nur dann auf den Vertrauensschutz berufen, wenn er angesichts des Verhaltens der juristischen Person nach Treu und Glauben annehmen darf, die Vollmacht des Handelnden sei trotz anderslautendem Handelsregistereintrag erweitert worden. Die Annahme einer dem Handelsregistereintrag widersprechenden Einzelvollmacht kann sich insbesondere dann rechtfertigen, wenn eine Gesellschaft mehrere Male die Einzelhandlungen ihres Kollektivvertreters duldet.

Aus dem Sachverhalt ist nicht ersichtlich, dass die X AG ihren Verwaltungsrat Stefan wiederholte Male als einen einzelzeichnungsberechtigten Vertreter hat auftreten lassen. Ein Dulden der Handlungen von Stefan lässt sich schliesslich auch nicht damit begründen, der X AG müsse das Wissen ihres Verwaltungsrats zugerechnet werden. Denn eine im Handelsregister eingetragene Vertretungsbeschränkung würde wirkungslos, wenn die Kenntnis der juristischen Person aus dem Wissen des Organs, das seine Vertretungsbefugnis überschreitet, hergeleitet würde.

Im Ergebnis kann festgehalten werden, dass keine Umstände vorliegen, aus denen Claudia auf eine entgegen dem Handelsregistereintrag bestehende Einzelvollmacht von Stefan hätte schliessen dürfen. Daraus folgt, dass die Voraussetzungen für eine Anscheins- oder Duldungsvollmacht nicht erfüllt sind. Da Stefan die X. AG somit nicht verpflichtet hat, kann Claudia den Vollzug des Vertrags nicht fordern.

Lösungen zum 6. Teil: Widerrufsrecht bei Haustürgeschäften

Allgemeines

1. OR 40a ff. sehen eine Ausnahme vom *Grundsatz der Unwiderrufbarkeit* der Antrags- und Annahmeerklärung vor (vgl. in diesem Zusammenhang auch OR 9, das aber kcine Ausnahme enthält, sondern bloss das Zugangsprinzip erläutert).

2. Hinter OR 40a ff. stehen *Konsumentenschutz*überlegungen. Die OR 40a ff. sollen dem Konsumenten eine zusätzliche Überlegungsfrist einräumen in Fällen, in denen er aus einem Überraschungsmoment heraus einen Vertrag abschliesst.

Anwendungsbereich

3. Nein. Nach OR 40a Abs. 2 sind Versicherungsverträge vom Anwendungsbereich ausgeschlossen. In der Lehre wird kritisiert, dass dafür kein sachlicher Grund bestehe.

4. Nein. Gemäss OR 40c lit. a kann der Konsument den Vertrag nicht widerrufen, wenn er die Verhandlungen ausdrücklich gewünscht hat.

5. Der Vertrag wird mit dem Widerruf ex tunc aufgelöst. Während in der Lehre umstritten ist, ob bereits erbrachte Leistungen über Vindikations- und Kondiktionsansprüche oder über ein vertragliches Rückabwicklungs-

verhältnis zurückzuerstatten sind, hat das Bundesgericht in BGE 137 III 243 entschieden, dass der Anspruch auf Rückerstattung bereits empfangener Leistungen nach OR 40f Abs. 1 bereicherungsrechtlicher Natur ist und deshalb der Verjährungsfrist nach OR 67 OR unterliegt. Das Bundesgericht fällte den Entscheid in Anlehnung an seine Praxis zur Rückabwicklung von Verträgen, die mit Willens- oder Formmängeln behaftet sind, bzw. von suspensiv bedingten Verträgen nach Ausfall der Bedingung.

Lösungen zum 7. Teil: Ungerechtfertigte Bereicherung

Allgemeine Voraussetzungen der Bereicherungsansprüche

1. Er dient dem Ausgleich von Vermögensverschiebungen, welche der inneren Rechtfertigung entbehren (fehlgeschlagene Leistungsbeziehungen).

2. Der Anspruch aus ungerechtfertigter Bereicherung wird auch *Kondiktion* genannt, wobei im Wesentlichen zwischen *Leistungs-* und *Eingriffskondiktion* unterschieden wird.

3. Die Leistungskondiktion hat die Rückgewährung von Zuwendungen, welche ohne gültigen Rechtsgrund erfolgt sind, zum Gegenstand.

4. Es geht um die Rückerstattung von ungerechtfertigten Bereicherungen, die durch einen Eingriff des Bereicherten in die geschützte Rechtssphäre einer anderen Person entstanden sind.

5. Der Bereicherungsanspruch setzt voraus, dass eine Person bereichert ist und dass diese Bereicherung ungerechtfertigt, d.h. ohne gültigen Rechtsgrund erfolgt ist. Gemäss der neueren bundesgerichtlichen Rechtsprechung setzt der Bereicherungsanspruch nicht mehr voraus, dass zwischen dem Bereicherungsgläubiger und dem Bereicherungsschuldner eine unmittelbare Vermögensverschiebung stattgefunden hat (vgl. BGE 129 III 646).

6. Es gibt grundsätzlich zwei Arten der Bereicherung, wobei die eine in der Vergrösserung des Vermögens besteht und die andere in der Nichtverminderung desselben (sog. Ersparnisbereicherung).

7. Eine Bereicherung gilt als ungerechtfertigt im Sinne der OR 62 ff., wenn sie auf keinem gültigen – auf Gesetz oder Vertrag beruhenden – Rechtsgrund (causa) beruht.

8. In OR 62 Abs. 2 werden drei Fälle von ungerechtfertigten Bereicherungen aufgrund einer Leistung des Entreicherten unterschieden. Es sind dies:

- die Zuwendung ohne gültigen Grund;
- die Zuwendung aus nicht verwirklichtem Grund; und
- die Leistung aus nachträglich weggefallenem Grund.

9. Im Gegensatz zur Leistungskondiktion wird die Bereicherung bei der Eingriffskondiktion durch den Bereicherten selbst herbeigeführt, indem er ohne Rechtsgrund – also unberechtigterweise – in das Vermögen des Entreicherten eingreift.
10. Es ist denkbar, dass eine Bereicherung durch das Verhalten eines unbeteiligten Dritten oder sogar ohne Zutun einer Person – also durch Zufall – eintritt (Zufallskondiktion).
11. Ein Anspruch aus ungerechtfertigter Bereicherung ist i.d.R. ausgeschlossen, wenn ein vertraglicher oder sachenrechtlicher Anspruch besteht.
12. Falls eine ungerechtfertigte Bereicherung durch eine unerlaubte Handlung im Sinne von OR 41 ff. entsteht, so konkurrieren die beiden Ansprüche.

Rechtsfolgen der ungerechtfertigten Bereicherung

13. Es gilt der Grundsatz der Naturalrestitution, d.h., die ungerechtfertigte Bereicherung ist primär in Natura herauszugeben.
14. Die Naturalrestitution kommt insbesondere bei rechtsgrundlos abgetretenen Forderungen, welche durch Rückzession zurückerstattet werden können, zur Anwendung.
15. In denjenigen Fällen, in welchen die Leistung nicht in Natura erstattet werden kann, kommt es zum schlichten Wertersatz.
16. Praktische Bedeutung hat der Wertersatz v.a. bei Arbeits- und Dienstleistungen.
17. Grundsätzlich ist das auf ungerechtfertigte Weise Empfangene in vollem Umfang zurückzuerstatten.
18. Gemäss OR 64 kann der gutgläubige Bereicherte, welcher im Zeitpunkt der Rückforderung nicht mehr bereichert ist, die Rückerstattung verweigern.
19. Der Empfänger gilt als gutgläubig, wenn er aufgrund der konkreten Umstände davon ausgehen durfte, dass die Leistung für ihn bestimmt war.

20. Über den eigentlichen Bereicherungsgegenstand hinaus ist auch allfälliger aus der Bereicherung gezogener Nutzen – beispielsweise Zinsen aller Art – herauszugeben.

Sonderfälle

21. Gemäss OR 63 Abs. 1 kann bei freiwilliger Bezahlung einer Nichtschuld kein Anspruch aus ungerechtfertigter Bereicherung geltend gemacht werden.
22. Aufgrund des Irrtums ist er berechtigt, das Geleistete zurückzufordern, wobei es keine Rolle spielt, ob der Irrtum entschuldbar war (s. BGE 64 II 121).
23. Die freiwillig erfolgte Bezahlung einer verjährten Schuld begründet keinen Anspruch aus ungerechtfertigter Bereicherung. Der Eintritt der Verjährung hemmt lediglich die klageweise Durchsetzung einer Schuld, ändert aber nichts am Bestand der Forderung.
24. OR 66 findet lediglich auf den sogenannten Gaunerlohn Anwendung. Darunter werden diejenigen Leistungen verstanden, welche zur Anstiftung oder Belohnung eines rechts- oder sittenwidrigen Verhaltens bezahlt wurden.

Verjährung von Ansprüchen aus OR 62 ff.

25. Gemäss OR 67 Abs. 1 wird zwischen der *relativen* und der *absoluten* Verjährungsfrist unterschieden.
26. Die relative Frist beginnt in demjenigen Zeitpunkt zu laufen, in welchem der Entreicherte von seinem Anspruch aus ungerechtfertigter Bereicherung Kenntnis erhält. Von diesem Zeitpunkt an hat er ein Jahr Zeit, um seine Ansprüche geltend zu machen.
27. Die absolute Verjährungsfrist beginnt mit der Entstehung des Anspruchs aus ungerechtfertigter Bereicherung und sie dauert zehn Jahre von diesem Zeitpunkt an.

Übungsfall 1

Als Erstes ist die Frage nach der Gültigkeit des zwischen Martin und Bertone abgeschlossenen Vertrages zu stellen. Im Vordergrund steht vorliegend eine allfällige Nichtigkeit gemäss OR 20 Abs. 1 wegen sittenwidrigen Inhalts. Ein Vertrag bzw. dessen Inhalt ist als sittenwidrig zu qualifizieren, wenn er gegen das allgemeine Anstandsgefühl oder gegen die der Gesamtrechtsordnung immanenten ethischen Prinzipien und Wertmassstäbe verstösst. Verzichtet nun jemand gegen Entgelt auf das Ergreifen eines Rechtsmittels, so ist dies dann als sittenwidrig zu betrachten, wenn der Verzicht auf einer verpönten Kommerzialisierung der Rechtsposition derjenigen Partei beruht, die auf ihr Recht verzichtet. Die Verzögerung von Bauvorhaben durch administrative oder gerichtliche Verfahren kann zu beträchtlichen Schäden führen. Eine verpönte und damit sittenwidrige Kommerzialisierung ist aber erst dann gegeben, wenn mit dem entgeltlichen Verzicht allein der drohende Verzögerungsschaden des Bauherrn vermindert werden soll und keine anderen schützenswerten Interessen der auf ihre Rechte verzichtenden Partei vorliegen. Da vorliegend Bertone mit seiner Beschwerde lediglich die Verzögerung des Bauvorhabens hat erreichen wollen, ist die Vereinbarung zwischen Martin und Bertone bezüglich des entgeltlichen Verzichts auf das Rechtsmittel somit als sittenwidrig und deshalb nichtig zu betrachten.

In einem zweiten Schritt stellt sich die Frage, ob Martin infolge der Nichtigkeit des Vertrages einen Anspruch aus ungerechtfertigter Bereicherung geltend machen kann oder ob das Bezahlen der CHF 10'000.– durch Martin allenfalls als freiwillige Bezahlung einer Nichtschuld im Sinne von OR 63 Abs. 1 zu qualifizieren ist. Es ist vorliegend zwar davon auszugehen, dass Martin zur Bezahlung einer Geldsumme bereit war, weil er damit die Bauverzögerung verhindern wollte, mit welcher er wegen des von Bertone eingereichten Rechtsmittels rechnen musste. Es besteht aber kein Anhaltspunkt dafür, dass eine allfällige Inkaufnahme der mit der Bauverzögerung verbundenen Nachteile für Martin unzumutbar gewesen wäre. Daher lag keine eigentliche Zwangslage vor, die ihn zur getätigten Zahlung genötigt hat. Wenn Martin es unter diesen Umständen vorzog, Bertone in sittenwidriger Weise das Rechtsmittel «abzukaufen», handelte er mithin freiwillig. Ist die Leistung aber nicht unfreiwillig erfolgt, steht Martin kein Rückforderungsanspruch aus ungerechtfertigter Bereicherung zu.

Übungsfall 2

Vorliegend stellt sich die Frage, ob Caché ungerechtfertigt bereichert ist, indem er einen Parkplatz vermietet hat, welcher nicht in seinem Eigentum stand und bezüglich dessen er auch nicht über ein Nutzungsrecht verfügte. Für einen Anspruch aus ungerechtfertigter Bereicherung im Sinne von OR 62 Abs. 1 wird vorausgesetzt, dass eine *Bereicherung* vorliegen muss, welche *ungerechtfertigt* zu sein hat. Vorliegend ist Caché durch die Zahlung der Sicherheitsfirma bereichert worden. «Entreichert» ist aber nicht die Zahlende, weil diese eine Gegenleistung erhalten hat, sondern die Privatbank. Es liegt somit keine Leistungskondiktion vor, sondern eine Eingriffskondiktion, welche durch den Bereicherten selbst herbeigeführt wurde, indem er ohne Rechtsgrund – also unberechtigterweise – in das Vermögen der entreicherten Privatbank eingegriffen hat. Da das Handeln von Caché und somit auch seine Bereicherung von keinem Rechtsgrund (causa) gedeckt waren, ist die Bereicherung als ungerechtfertigt im Sinne von OR 62 ff. zu qualifizieren. Weiter gilt es im vorliegenden Fall zu beachten, dass gemäss der neueren h.L. bei der Eingriffskondiktion die Bereicherung auch dann herauszugeben ist, wenn dieser keine unmittelbar entsprechende Entreicherung aufseiten des Anspruchsberechtigten gegenübersteht. Dieser Ansicht folgt nunmehr auch das Bundesgericht (vgl. BGE 129 III 646). Das hat zur Folge, dass vorliegend die Privatbank, obwohl sie nicht direkt und unmittelbar durch die Bereicherung von Caché entreichert wurde, Anspruch auf das von Caché durch die Vermietung Eingenommene hat (vgl. bez. des Umfangs des Anspruchs: BGE 119 II 437).

Lösungen zum 8. Teil: Die Erfüllung

Die Erfüllung

1. Das Gesetz enthält Regeln dazu, wer wem wann wo welche Leistung zu erbringen hat.
2. Durch die Erfüllung geht die einzelne Obligation einschliesslich aller relevanten Nebenrechte unter (OR 114 Abs. 1).

Die Person des Erfüllenden

3. Der Schuldner ist grundsätzlich nur dann zur persönlichen Erfüllung verpflichtet, wenn es bei der Leistung auf seine Persönlichkeit ankommt (OR 68).
4. Der Schuldner kann durch eine *Hilfsperson* (vgl. OR 101) oder einen Beauftragten (*Substitut*, vgl. OR 398 Abs. 3) seiner Leistungspflicht nachkommen.
5. Eine persönliche Leistungspflicht kann sich entweder aus dem Gesetz ergeben (z.B. OR 321; OR 398 Abs. 3), von Parteien vertraglich vereinbart

sein oder aus den Umständen hervorgehen. Letzteres ist etwa dann der Fall, wenn die vereinbarte Leistung so stark durch die individuellen Eigenschaften des Schuldners geprägt ist, dass sie nicht von einem Dritten erbracht werden kann.

Die Person des Erfüllungsempfängers

6. Im Normalfall wird die Leistung an den Gläubiger persönlich erbracht. Allenfalls gilt die Leistung ebenfalls als erbracht, wenn sie an einen vom Gläubiger bevollmächtigten Stellvertreter erfolgt (vgl. OR 32 Abs. 1).

7. Ausnahmen vom genannten Grundsatz können sich entweder aus Gesetz, aus Parteivereinbarungen, aus nachträglicher Weisung des Gläubigers oder aus einer gerichtlichen Anweisung sowie aus der Verkehrsübung ergeben.

8. Unterschieden wird zwischen der *gesetzlichen Pflicht* zur Leistung an einen Dritten (z.B. SchKG 99) und dem *gesetzlichen Recht* zur befreienden Leistung an einen Dritten (z.B. OR 92, OR 96, OR 168 Abs. 1).

9. Die Parteien können entweder einen unechten oder einen echten Vertrag zugunsten Dritter vereinbaren (OR 112), wobei nur im letzteren Fall der Dritte ein selbstständiges Recht auf Geltendmachung der Erfüllung hat (OR 112 Abs. 2).

Gegenstand der Erfüllung

10. Für den Fall, dass eine Parteivereinbarung fehlt, sieht das Gesetz in OR 71/72 zwei Vermutungen zugunsten eines schuldnerischen Wahlrechts vor:

    a) haben die Parteien lediglich eine Gattungsschuld vereinbart, so kommt dem Schuldner das sogenannte Individualisierungsrecht zu, welches dadurch eingeschränkt ist, dass er keine Ware unter mittlerer Qualität anbieten darf (OR 71);

    b) haben die Parteien vereinbart, dass von zwei oder mehreren Schulden nur eine zu erbringen ist, so steht aufgrund der gesetzlichen Vermutung im Zweifel dem Schuldner das Wahlrecht zu (OR 72).

11. Ist die ganze Schuld fällig, so hat der Gläubiger eine Teilleistung nicht anzunehmen und gerät dadurch auch nicht in Annahmeverzug (OR 69

Abs. 1; in extremen Fällen ist allerdings ein allfälliger Verstoss gegen Treu und Glauben zu prüfen).

12. Es werden drei sogenannte Erfüllungssurogate unterschieden:
    a) Wenn das Gesetz oder der Gläubiger dem Schuldner gestatten, eine andere als die geschuldete Leistung zu erbringen, so liegt eine *Alternativermächtigung* vor (vgl. z.B. OR 84 Abs. 2). Solange allerdings beide Leistungen erfüllbar sind, kann der Gläubiger lediglich die ursprünglich geschuldete Leistung einfordern und allenfalls einklagen.
    b) Vereinbaren die Parteien, dass die vom Schuldner erbrachte Leistung die ursprünglich geschuldete ersetzen soll, so wird von *Leistung an Erfüllungs Statt* gesprochen.
    c) Bei der *Leistung erfüllungshalber* wird eine andere (als die ursprünglich geschuldete) vom Schuldner erbrachte Leistung lediglich an die ursprünglich geschuldete angerechnet.
13. Die Erfüllung von Fremdwährungsforderungen (OR 84 Abs. 2).

Ort der Erfüllung

14. Primär ist die Parteivereinbarung massgebend, welche den Erfüllungsort unmittelbar oder mittelbar bezeichnen kann, der Erfüllungsort kann sich aber auch aus den Umständen ergeben. Fehlt es an einer Parteivereinbarung, so enthält das Gesetz allgemeine Regeln zur Bestimmung des Erfüllungsortes der Leistung (OR 74).
15. Das Gesetz legt erstens fest, dass *Geldschulden* stets Bringschulden sind und somit am Sitz oder Wohnsitz des Gläubigers zu bezahlen sind (OR 74 Abs. 2 Ziff. 1). Handelt es sich bei der zu bringenden Leistung um eine *Stückschuld*, so ist der Schuldner verpflichtet, die Leistung an seinem Sitz oder Wohnsitz für den Gläubiger bereitzuhalten. Bei dieser zweiten Variante wird von Holschuld gesprochen (OR 74 Abs. 2 Ziff. 2). Als dritte Bestimmung enthält das Gesetz eine sogenannte *Auffangregelung*, nach welcher Verbindlichkeiten mangels Sonderabrede allgemein am Sitz oder Wohnsitz des Schuldners zu erfüllen sind (OR 74 Abs. 2 Ziff. 3). Daneben gibt es die Versendungsschuld, die in OR 185 Abs. 2 vorausgesetzt wird.

Zeit der Erfüllung

16. Das Gesetz unterscheidet zwischen Erfüllbarkeit und Fälligkeit der Leistung.
17. Für den Schuldner bedeutet Erfüllbarkeit einer Leistung, dass er das Recht hat, sie zu erbringen. Der Gläubiger auf der anderen Seite ist dazu verpflichtet, die angebotene Leistung anzunehmen, wenn er nicht in Gläubigerverzug geraten will.
18. Eine fällige Leistung kann vom Gläubiger eingefordert werden und der Schuldner ist verpflichtet, diese zu erbringen. Weiter beginnt mit der Fälligkeit die Verjährungsfrist zu laufen (OR 130 Abs. 1).
19. Bei vollkommen zweiseitigen Verträgen hat eine Partei das Recht, die sogenannte *Einrede des nichterfüllten Vertrags* zu erheben und ihre Leistung zurückzubehalten, wenn es an der Erfüllungsbewirkung oder Erfüllungsbereitschaft der Gegenpartei fehlt, sowie wenn – unter Vorbehalt einer Vorleistungspflicht – die beiden Leistungen von Bestand und fällig sind und daher Erfüllung Zug um Zug geschuldet ist.

    Darüber hinaus sieht das Gesetz auch die *Einrede der Zahlungsunfähigkeit* vor (OR 83). Diese kann von einer Partei bei vollkommen zweiseitigen Verträgen erhoben werden und sie kann in der Folge ihre Leistungen zurückbehalten, wenn nach Vertragsschluss die andere Vertragspartei zahlungsunfähig wird und dadurch ihr vertraglicher Gegenanspruch gefährdet ist, weil es an einer Sicherstellung mangelt.

Geldschulden

20. In erster Linie sind Teilzahlungen zur Deckung offener Zinszahlungen und weiterer Kosten sowie allenfalls der Tilgung des am wenigsten gesicherten Teils einer Schuld zu verwenden (OR 85). Hat ein Schuldner gegenüber einem Gläubiger verschiedene gleichartige Forderungen zu begleichen und reicht das Geleistete nicht zur Erfüllung sämtlicher Forderungen aus, so räumt das Gesetz primär dem Schuldner ein Recht ein, mittels *Anrechnungserklärung* festzulegen, auf welche Forderungen eine allfällige Teilzahlung anzurechnen ist. Verzichtet er auf die Abgabe einer solchen Anrechnungserklärung, so steht das Recht dem Gläubiger zu.

Gläubigerverzug

21. Mitwirkungshandlungen sind diejenigen Handlungen, welche der Gläubiger seinerseits erfüllen muss, damit dem Schuldner überhaupt eine richtige Erfüllung seiner Leistungen möglich wird. Mitwirkungshandlungen sind nach der h.L. lediglich nichtklagbare Obliegenheiten, deren Unterlassung keine Vertragsverletzung darstellt.

22. Der Gläubigerverzug setzt voraus, dass:
    - der Schuldner seine Leistung genügend angeboten hat; und
    - der Gläubiger seinerseits eine notwendige Mitwirkungshandlung ungerechtfertigt verweigert.

23. Ungerechtfertigt ist die Verweigerung einer Mitwirkungshandlung dann, wenn es keine objektiven Gründe für das Verhalten des Gläubigers gibt, sondern die Verweigerung lediglich eine Folge persönlicher Umstände beim Gläubiger darstellt.

24. Der Gläubigerverzug verbessert die Stellung des Schuldners, ändert jedoch nichts an seiner grundsätzlichen Leistungspflicht. Konkret heisst dies, dass der Gläubigerverzug einen Schuldnerverzug ausschliesst. Weiter kann bei synallagmatischen Verträgen der sich im Verzug befindliche Gläubiger die Einrede des nichterfüllten Vertrages gemäss OR 82 nicht erheben. Mit Eintritt des Gläubigerverzuges geht spätestens die Gefahr für den zufälligen Untergang des Leistungsgegenstandes auf den Gläubiger über. Darüber hinaus kann sich der Schuldner einer beweglichen Sache nach Eintritt des Gläubigerverzuges durch Hinterlegung an einem vom Richter zu bestimmenden Ort befreien (OR 92). Dem Schuldner einer unbeweglichen Sache räumt das Bundesgericht ein Rücktrittsrecht ein (analoge Anwendung von OR 95). Weiter können nicht hinterlegungsfähige Sachen mit Markt- und Börsenpreis vom Schuldner mit Einwilligung des Richter verkauft werden (OR 93 Abs. 1 und 2). Bei Sachen ohne Markt- oder Börsenpreis muss der freihändige Verkauf dem Gläubiger zuerst angedroht werden (OR 93 Abs. 1 und 2). Weiter ist zu beachten, dass dem Schuldner zudem ein Rücktrittsrecht zusteht, sofern die Schuldpflicht nicht in einer Sachleistung besteht (OR 95).

25. Falls sich aus dem Vertrag oder allenfalls den Umständen eine Pflicht des Gläubigers zur Annahme der Leistung ergibt, stellt ein Verzug des Gläubigers eine Vertragsverletzung dar (Gläubiger wird zum Schuldner).

Übungsfall 1: Die verkaufte Bäckerei

Bei zweiseitigen Verträgen muss derjenige, welcher den anderen zur Erfüllung anhalten will, entweder bereits erfüllt haben oder die Erfüllung anbieten, es sei denn, dass er nach dem Inhalt oder der Natur des Vertrages erst später zu erfüllen hat. Diese Regelung, welche in OR 82 zum Ausdruck kommt, führt dazu, dass der Schuldner eine aufschiebende Einrede mit der Wirkung hat, dass er die geforderte Leistung bis zur Erbringung oder Anbietung der Gegenleistung zurückhalten darf. Wenn Roggen im vorliegenden Fall nicht bezahlt, weil Tresse die dem Handelsregister abzugebende Erklärung nicht vertragsgemäss eingereicht hat, macht er geltend, dass Tresse vorleistungspflichtig gewesen sei.

Bei den Vorleistungspflichten wird in der Lehre zwischen «beständigen» und «nicht beständigen» Vorleistungspflichten unterschieden. Im ersten Fall ist eine Partei dergestalt vorleistungspflichtig, dass die Erbringung ihrer Leistung eine Bedingung für den Eintritt der Fälligkeit der Gegenleistung bildet. Das Wesen dieser Art der Vorleistungspflicht liegt darin, dass zwischen Vor- und Gegenleistung eine Frist bestehen bleibt. Diese beginnt mit der Erbringung der Vorleistung zu laufen. Daher wird die Gegenleistung erst mit Ablauf dieser Frist fällig. Bei der zweiten Art der Vorleistungspflicht haben sich die Parteien auf unterschiedliche Fälligkeitstermine geeinigt. In diesen Fällen bildet keine der Leistungen eine Bedingung für die Gefälligkeit der anderen.

Indem im vorliegenden Fall für die beiden Kaufpreiszahlungsraten vertraglich ein Fälligkeitsdatum fixiert wurde, wurde die Kaufpreiszahlung von Roggen unabhängig davon fällig, ob Tresse ihre vertragliche Leistung rechtzeitig erbracht hat. Es kann somit gesagt werden, dass der Anspruch auf Kaufpreiszahlung denjenigen auf Abgabe der handelsregisterlichen Erklärung eingeholt hat und nunmehr sich zwei fällige Forderungen gegenüberstehen. Damit ist die Vorleistungspflicht von Tresse erloschen und die beidseitigen Leistungen sind Zug um Zug zu erbringen. Tresse kann daher mit Erfolg die zweite Rate des Kaufpreises von Roggen einfordern, ebenso wie dieser Zug um Zug die Abgabe der handelsregisterlichen Erklärung verlangen kann.

Übungsfall 2: Falschlieferung oder Schlechterfüllung

Die Abgrenzung zwischen Nichterfüllung und Schlechterfüllung ist vorwiegend bei Gattungsschulden problematisch. Ein aliud liegt vor, wenn die gelieferte Ware nicht mehr zur geschuldeten Gattung gehört. Ein peius liegt vor, wenn zwar die Ware der geschuldeten Gattung angehört, nicht aber den vertraglichen Erwartungen entspricht.

a) Es handelt sich vorliegend um eine Falschlieferung (aliud), denn ein Video des Künstlerduos Fischli/Weiss ist kein Video der Künstlerin Pipilotti Rist.

b) Es handelt sich wiederum um eine Falschlieferung (aliud), denn es wird Ware einer anderen Sorte/Gattung geliefert, als ursprünglich zwischen den Parteien vereinbart war.

c) Da vorliegend zwar die vereinbarte Sorte/Gattung geliefert wurde, diese aber nicht die vereinbarten Qualitätsmerkmale aufweist, handelt es sich um eine Schlechtlieferung (peius).

Übungsfall 3: Erfüllung einer Geldzahlung

Im Vordergrund steht die Frage, ob die Mietzinszahlung des F rechtzeitig ausgerichtet wurde. Eine Zahlung gilt als fristgerecht erfolgt, wenn sie spätestens am letzten Tag der Zahlungsfrist am Erfüllungsort geleistet wird. Das Gesetz unterscheidet zwischen Bring- und Holschulden, wobei Geldschulden mangels anderweitiger Abrede gemäss OR 74 Abs. 2 Ziff. 1 Bringschulden sind. Das bedeutet, dass die Zahlung am Wohnsitz des Gläubigers zu erfolgen hat.

Vorliegend fragt sich daher, ob F mittels der Postanweisung an K seine Verpflichtung derart erfüllt hat, dass K im Erfüllungszeitpunkt über das Geld verfügen konnte. Indem F die Geldschuld mittels Postanweisung begleichen wollte, bediente er sich eines Erfüllungsgehilfen. In solchen Fällen gilt der Grundsatz, dass der Gläubiger nicht schlechter gestellt sein darf, wie wenn der Schuldner direkt beim Gläubiger mittels Barzahlung erfüllt hätte. F trägt im vorliegenden Fall mithin die Verzögerungsgefahr. Dies hat zur Folge, dass es im Verantwortungsbereich des F lag, seinen Zahlungsauftrag so zu terminieren, dass K rechtzeitig, d.h. spätestens am letzten Tag der Nachfrist, über den geschuldeten Mietzins hätte verfügen können.

Eine am Abend des letzten Tages der Nachfrist erteilte Postanweisung vermag offensichtlich den genannten Anforderungen an eine rechtzeitig erfolgte Zahlung nicht zu genügen. Als Rechtsberater von F können Sie ihm daher mit den Mitteln des OR AT nicht behilflich sein.

Übungsfall 4: Die Mezzosopranistin

Das Gesetz sieht in OR 68 vor, dass ein Schuldner lediglich zur persönlichen Erfüllung verpflichtet ist, wenn es bei der Leistung auf seine Persönlichkeit ankommt. Hat das Opernhaus Zürich nun für «La Sonnambula» explizit die Mezzosopranistin Cecilia B. engagiert, so kommt es bei der Erfüllung der Leistung auf ihre Persönlichkeit und die persönliche Erfüllung des Engagements an. Cecilia B. kann sich mithin höchstens bei Vorliegen der expliziten Zustimmung des Züricher Opernhauses durch Nadja M. vertreten lassen. Holt sie diese Zustimmung nicht ein und lässt sie sich trotzdem durch Nadja M. vertreten, so wird sie daraus dem Opernhaus Zürich schadenersatzpflichtig aus OR 97 wegen Nichterfüllung.

Lösungen zum 9. Teil: Die Erfüllungsstörungen

Anspruch auf Vertragsleistung

1. Da für den Schuldner ein Erfüllungszwang besteht, kommt es beim Ausbleiben der vertragsgemässen Erfüllung in erster Linie zur Durchsetzung der Verpflichtung mithilfe des staatlichen Zwangsapparates, wobei der Richter den Gläubiger zur ersatzweisen Vornahme der geschuldeten, aber ausgebliebenen Leistung ermächtigen kann (OR 98; Realerfüllung).

Voraussetzungen der Schadensersatzpflicht nach OR 97 Abs. 1

2. Damit ein Schadenersatzanspruch gegeben ist, müssen folgende vier Voraussetzungen gegeben sein:
   - *Verletzung einer vertraglichen Pflicht* seitens des Schuldners (Nichterfüllung oder positive Vertragsverletzung);
   - *Schaden* aufseiten des Gläubigers;
   - *adäquater Kausalzusammenhang* zwischen der Pflichtverletzung und dem Schaden;
   - *Verschulden* des Schuldners.
3. Eine Vertragserfüllung gilt als unmöglich, wenn der Schuldner die geschuldete Leistung nicht zu erbringen vermag.

4. Primär wird zwischen *ursprünglicher* und *nachträglicher Unmöglichkeit* unterschieden. Bei der ursprünglichen Unmöglichkeit ist die Vertragserfüllung bereits bei Vertragsabschluss unmöglich, und bei der nachträglichen Unmöglichkeit wird die Erbringung der Leistung erst nach Abschluss des Vertrages unmöglich. In beiden Varianten wird jeweils zwischen *objektiver* und *subjektiver* Unmöglichkeit unterschieden. Objektiv unmöglich ist die Erbringung der Leistung, wenn sie von niemandem erbracht werden kann. Subjektiv unmöglich ist die Erbringung der Leistung dahingegen lediglich dann, wenn es nur dem Schuldner nicht möglich ist, die versprochene Leistung zu erbringen.

5. Bei der objektiv ursprünglichen Unmöglichkeit ist der Vertrag gemäss OR 20 Abs. 1 *nichtig*. Bei allen anderen Varianten der Unmöglichkeit (subjektiv ursprüngliche Unmöglichkeit, subjektiv und objektiv nachträgliche Unmöglichkeit) behält der Vertrag seine Gültigkeit. Hat aber der Schuldner die Unmöglichkeit in diesen Fällen zu vertreten, so hat er gemäss OR 97 ff. Schadenersatz zu leisten. Bei der unverschuldeten nachträglichen Unmöglichkeit kommt OR 119 zur Anwendung.

6. Darunter wird die nichtgehörige Erfüllung eines Vertrages verstanden, das heisst all jene Sachverhalte, die weder der Nichterfüllung noch dem Verzug zuzuordnen sind.

7. Es werden die *Schlechterfüllung der Hauptleistung* und die *Verletzung von vertraglichen Nebenpflichten* unterschieden. Sobald die Hauptleistung zwar erbracht wird, jedoch nicht in der vereinbarten Art und Weise, liegt eine Schlechterfüllung vor. Bei den Nebenpflichten ist zu beachten, dass lediglich die Nebenleistungspflichten – im Gegensatz zu den blossen Verhaltenspflichten – klageweise erzwingbar sind.

8. Hat der Schuldner mit seinem Vorgehen sowohl eine Vertragsverletzung als auch eine unerlaubte Handlung begangen, so konkurrieren die beiden Ansprüche miteinander. Der Gläubiger wird wohl aber zumeist primär die Vertragsverletzung geltend machen, weil die relevanten Bestimmungen eine Verschuldensvermutung beinhalten (vgl. OR 97 Abs. 1 mit OR 41 Abs. 1). Die Ansprüche aus Vertragsverletzung verjähren ausserdem erst nach 10 Jahren (vgl. OR 127 ff. mit OR 60 Abs. 1). Darüber hinaus kommt nach den Bestimmungen über die Vertragsverletzung auch eine strengere Ausgestaltung der Hilfspersonenhaftung zur Anwendung (vgl. OR 101 Abs. 1 mit OR 55 Abs. 1).

9. Der Anspruch aus Vertragsverletzung schliesst OR 62 ff. grundsätzlich aus.

10. Als Schaden wird jede unfreiwillige Verminderung der Aktiven, Vermehrung der Passiven sowie auch ein entgangener Gewinn verstanden.
11. Bei der Schadensberechnung kommt die *Differenztheorie* zur Anwendung, gemäss welcher der Schaden der Differenz zwischen dem gegenwärtigen Vermögensstand und dem hypothetischen Vermögensstand, den das Vermögen ohne das schädigende Ereignis hätte, entspricht.
12. Soll das positive Vertragsinteresse – auch *Erfüllungsinteresse* genannt – ersetzt werden, so wird der Gläubiger so gestellt, wie wenn der Vertrag richtig erfüllt worden wäre. Ist dahingegen das negative Vertragsinteresse – *Vertrauensschaden* – zu ersetzen, so ist derjenige Vermögensstand des Gläubigers massgebend, der bestünde, wenn der Vertrag gar nie abgeschlossen worden wäre.
13. Das Erfordernis des adäquaten Kausalzusammenhangs dient der Einschränkung der Haftungstatbestände. Nicht jeder ursächliche Zusammenhang zwischen einem Verhalten und einem Schaden soll zu einer Haftung führen, sondern nur der adäquat kausale.
14. Gemäss der bundesgerichtlichen Rechtsprechung gilt ein Ereignis dann als adäquate Ursache eines Erfolges, «wenn es nach dem gewöhnlichen Lauf der Dinge und nach der allgemeinen Lebenserfahrung an sich geeignet ist, einen Erfolg von der Art des Eingetretenen herbeizuführen, der Eintritt des Erfolges also durch das Ereignis allgemein als begünstigt erscheint» (BGE 123 III 112).
15. Im Zusammenhang mit vertraglichen Haftungen besteht die Vermutung, dass die Schlechterfüllung vom Schuldner verschuldet ist.
16. Es wird zwischen dem Vorsatz, grober und leichter Fahrlässigkeit unterschieden. Die Abgrenzung ist insbesondere bei der Bemessung des Schadenersatzes und bei den Freizeichnungen von Bedeutung.
17. Beispielsweise wird das Verhalten einer Hilfsperson dem Schuldner direkt zugerechnet (OR 101 Abs. 1). Weiter haftet der Schuldner, welcher sich in Verzug befindet, auch für Zufall (OR 103 Abs. 1). Weitere verschuldensunabhängige Haftungen finden sich beim Garantievertrag (OR 111), bei der Übernahme der Einstandspflicht für die Leistungsfähigkeit des Dritten beim Forderungskauf (OR 171 Abs. 2) oder aber in denjenigen Fällen, in welchen die Parteien eine verschuldensunabhängige Haftung vertraglich vereinbart haben.

Rechtsfolgen der Nichterfüllung und der positiven Vertragsverletzung

18. Bei der Unmöglichkeit tritt der Anspruch auf Schadenersatz an die Stelle der ursprünglichen Leistungspflicht. Dahingegen tritt bei der positiven Vertragsverletzung wie auch beim Verzug der Anspruch auf Schadenersatz zur ursprünglichen Leistungspflicht hinzu.

19. Grundsätzlich haftet der Schuldner für jedes Verschulden, mithin auch für alle Grade der Fahrlässigkeit (OR 99 Abs. 1). Wenn der Schuldner allerdings keinen Vorteil aus dem Geschäft zieht, dann ist seine Haftung milder zu beurteilen (OR 99 Abs. 2).

20. Gemäss OR 99 Abs. 3 finden die Bestimmungen über die Bemessung und das Mass der Haftung bei unerlaubter Handlung Anwendung.

21. Gemäss OR 42 Abs. 1 hat der Gläubiger die Höhe des Schadens zu beweisen und gemäss OR 43 Abs. 1 bestimmt der Richter die Art und Höhe des Schadenersatzes.

22. Dieser Grundsatz bedeutet, dass die obere Grenze des Schadenersatzes stets durch die effektive Höhe des eingetretenen Schadens bestimmt wird und somit der Anspruch auf Schadenersatz nie grösser sein kann als der effektiv eingetretene Schaden.

23. Der Verweis umfasst OR 42–44, OR 45, OR 50 und OR 54.

24. Darunter wird verstanden, dass es den Parteien in gewissem Umfang freisteht, bereits im Voraus, d.h. vor Schadenseintritt, eine Vereinbarung darüber zu treffen, in welchem Rahmen ein allenfalls entstehender Schaden nicht zu ersetzen sei.

25. OR 100 Abs. 1 legt fest, dass die Haftung für Vorsatz und grobe Fahrlässigkeit nicht im Voraus wegbedungen werden kann. Darüber hinaus bestimmt OR 100 Abs. 2, dass der Richter eine Beschränkung der Haftung auf leichtes Verschulden für nichtig erklären kann, wenn entweder der Schuldner im Zeitpunkt der Vereinbarung «im Dienst des anderen Teils» stand oder wenn sich die Verantwortlichkeit aus dem Betrieb eines obrigkeitlich konzessionierten Gewerbes ergeben hat. Weitere Regelungen bezüglich der Freizeichnung befinden sich im Besonderen Teil des Obligationenrechts (z.B. OR 199, OR 256 Abs. 2 und OR 288 Abs. 2), aber auch in diversen Sondergesetzen (z.B. PauRG 16, PrHG 8).

Haftung des Schuldners für seine Hilfspersonen (OR 101)

26. Der Begriff der Hilfspersonenhaftung ist insofern missverständlich, als darunter etwa die Haftung der Hilfsperson verstanden werden könnte. Gemeint ist mit diesem Begriff allerdings die Haftung *für die* Hilfsperson.
27. Es geht primär darum, dass derjenige, welcher bei der Vertragserfüllung aus dem Beizug einer Hilfsperson einen Vorteil erlangt, auch den allenfalls daraus entstehenden Schaden zu tragen hat.
28. Als Hilfsperson wird derjenige Gehilfe bezeichnet, welcher vom Schuldner zur Vertragserfüllung beigezogen und ermächtigt wird.
29. Für die vertragliche Hilfspersonenhaftung wird einzig vorausgesetzt, dass die Hilfsperson mit Einwilligung des Schuldners handelt. Im Gegensatz zur ausservertraglichen Hilfspersonenhaftung bedarf es mithin keines Subordinationsverhältnisses zum Geschäftsherrn.
30. Damit wird zum Ausdruck gebracht, dass es für die Haftung des Schuldners für einen durch die Hilfsperson verursachten Schaden nicht nur einen adäquat kausalen, sondern auch einen sogenannten *funktionellen Zusammenhang* braucht. Ein solcher funktioneller Zusammenhang besteht, wenn der Schaden im Rahmen einer Erfüllungshandlung eintritt.
31. Eine weitere Voraussetzung ist die *hypothetische Vorwerfbarkeit*. Diese bedeutet, dass das Verhalten der Hilfsperson auch ein Verschulden des Schuldners begründen würde. Entscheidend ist somit nicht, ob ein Verschulden der handelnden Hilfsperson vorliegt, sondern ob die Handlung der Hilfsperson auch dem Schuldner vorzuwerfen wäre, wenn er diese selbst vorgenommen hätte. Ist die hypothetische Vorwerfbarkeit gegeben, so hat der Schuldner keine Möglichkeit, sich zu exkulpieren.
32. Sind die Voraussetzungen einer Hilfspersonenhaftung erfüllt, so muss sich der Schuldner das Handeln der Hilfsperson uneingeschränkt zurechnen lassen (OR 101 Abs. 1), dahingegen haftet der Schuldner bei erlaubter Substitution nur für gehörige Sorgfalt bei der Auswahl und Instruktion des Dritten (OR 399 Abs. 2).
33. Eine Faustregel besagt, dass Indizien für Substitution das *vorherrschende Interesse des Auftragsgebers am Beizug des Dritten* sowie die *selbstständige Geschäftsbesorgung* durch den Dritten sind. Dahingegen spricht für eine Hilfsperson, wenn der Schuldner den Dritten lediglich in eigenem wirtschaftlichen Interesse beizieht (z.B. zur Kapazitätsvergrösserung).

Unverschuldete nachträgliche Unmöglichkeit (OR 119)

34. Es wird vorausgesetzt, dass:
    - die Leistung des Schuldners *nachträglich objektiv oder subjektiv unmöglich* geworden ist; und
    - der Schuldner die Unmöglichkeit nicht selber zu vertreten hat.
35. Ist die nachträgliche Unmöglichkeit der Leistung des Schuldners von diesem nicht verschuldet, so erlischt dadurch die Forderung des Gläubigers (OR 119 Abs. 1). Darüber hinaus ist bei zweiseitigen Vertragsverhältnissen die bereits empfangene Gegenleistung zurückzuerstatten, und ein Anspruch auf Erfüllung der Gegenforderung erlischt (OR 119 Abs. 2).
36. Gemäss OR 119 Abs. 3 behält der freigewordene Schuldner die Gegenforderung und ist nicht verpflichtet, eine bereits erhaltene Gegenleistung zurückzuerstatten, sofern die Gefahr entweder nach Gesetzesvorschrift oder nach Vertrag bereits vor der Erfüllung auf den Gläubiger übergegangen ist (z.B. OR 185 Abs. 1, OR 324a Abs. 1).
37. Das stellvertretende Commodum ist eine Ersatzleistung, welche der Schuldner von einem Dritten für die unverschuldeterweise unmöglich gewordene Leistung erhält. Existiert bei einem konkreten Fall eine solche Ersatzleistung, so hat der Gläubiger einen Anspruch auf diese (z.B. Versicherungsleistungen).

Schuldnerverzug

38. Darunter wird der Zustand verstanden, der bei einer in *zeitlicher Hinsicht* nicht gehörigen Erfüllung eintritt.
39. Der Eintritt des Schuldnerverzuges erfolgt verschuldensunabhängig. Hingegen ist es für die Konsequenzen des Schuldnerverzuges relevant, ob der Schuldner den Verzug zu vertreten hat oder nicht.
40. Der Eintritt des Schuldnerverzuges setzt voraus, dass:
    - der Schuldner nicht leistet, obwohl ihm die Erbringung der Leistung grundsätzlich möglich wäre;
    - die Forderung fällig ist;
    - der Schuldner vom Gläubiger gemahnt oder aber ein bestimmter Verfalltag vereinbart wurde;

- keine verzugshindernden Gründe vorliegen (z.B. ein Gläubigerverzug vorliegt, Einreden gemäss OR 82 oder OR 83 erhoben wurden oder aber ein Erlass oder eine Stundung nachgewiesen ist).

Verzugsfolgen im Allgemeinen

41. Der Schuldner, welcher den Verzug verschuldet, haftet erstens für den aus der Verspätung entstandenen Schaden (Verspätungsschaden; OR 103 und OR 106) und zweitens für die zufällig eintretende Unmöglichkeit (Zufallshaftung; OR 103).

42. Zufällig sind diejenigen Ereignisse, welche weder vom Gläubiger noch vom Schuldner verschuldet sind. Die Zufallshaftung bedeutet, dass der Schuldner, welcher sich verschuldeterweise in Verzug befindet, auch für die zufällig eintretende Unmöglichkeit haftet (OR 103 Abs. 1). Er hat nun aber die Möglichkeit, sich von einer Haftung zu exkulpieren, indem ihm der Nachweis gelingt, dass selbst bei rechtzeitiger Erfüllung der Zufall die Leistung getroffen hätte (OR 103 Abs. 2).

43. Unabhängig davon, ob ein Verschulden des Schuldners vorliegt, hat er die Pflicht zur Leistung von Verzugszins (OR 104 f.). Weiter stehen dem Gläubiger im vollständig zweiseitigen Vertrag die Wahlrechte gemäss OR 107–109 zur Verfügung, und zwar unabhängig davon, ob der Schuldner seinen Verzug verschuldet hat. Die Schadenersatzansprüche setzen dagegen wiederum ein Verschulden voraus.

Verzugsfolgen im synallagmatischen Vertrag

44. Falls der Schuldner sich mit seiner Leistung in Verzug befindet, hat der Gläubiger, bevor er seine Wahlrechte ausüben kann, dem Schuldner eine *angemessene Nachfrist* anzusetzen oder durch die zuständige Behörde ansetzen zu lassen (OR 107 Abs. 1).

45. Gemäss der gesetzlichen Regelung kann auf das Ansetzen einer Nachfrist verzichtet werden, wenn:
    - das Ansetzen einer Nachfrist zwecklos ist (OR 108 Ziff. 1);
    - die Leistung für den Gläubiger mittlerweile nutzlos geworden ist (OR 108 Ziff. 2); oder

- zwischen den Parteien ein *relatives Fixgeschäft* vereinbart wurde (OR 108 Ziff. 3).

46. Der Gläubiger kann sich entweder für eine Klage auf nachträgliche Erfüllung des Vertrages nebst Ersatz des Verspätungsschadens entscheiden oder aber auf die Leistung verzichten und an deren Stelle den geldwerten Ersatz des durch die Nichtleistung entstandenen Schadens verlangen (OR 107 Abs. 1). Im ersten Fall kommen die allgemeinen Verzugsfolgen gemäss OR 103 ff. zur Anwendung.

47. Der Gläubiger kann entweder am Vertrag festhalten und Ersatz des aus der Nichterfüllung entstandenen Schadens (positives Interesse) verlangen (OR 107 Abs. 2). Der Gläubiger kann aber auch vom Vertrag zurücktreten (Umwandlung in Rückabwicklungsverhältnis; OR 107 Abs. 2, OR 109 Abs. 1) und Ersatz des aus dem Dahinfallen des Vertrages entstandenen Schadens geltend machen (negatives Interesse; OR 109 Abs. 2).

48. Hat sich der Gläubiger für das Weiterbestehen des Vertrages und den Ersatz des aus der Nichterfüllung entstandenen Schadens entschieden, so kann er weiter wählen, ob der Schadenersatz nach der *Austauschtheorie* oder nach der *Differenztheorie* bestimmt wird.

Übungsfall 1: Rosen zum Valentinstag

Herr Fischer begeht eine pflichtwidrige Nichtleistung, indem er es unterlässt, die Schuld zur Bezahlung der Rosen fristgerecht zu begleichen. Damit die Verzugsfolgen und somit insbesondere die Pflicht zur Bezahlung von Verzugszinsen beginnen, muss FleuRun Herrn Fischer gemäss OR 102 Abs. 1 mahnen. Eine solche Mahnung erübrigt sich lediglich bei Verfalltagsgeschäften. Das sind Geschäfte, bei denen sich anhand der vertraglichen Vereinbarung genau festlegen lässt, an oder bis zu welchem Tag die geschuldete Leistung zu erbringen ist. Dies ist vorliegend wohl nicht der Fall, wobei auch die gegenteilige Meinung vertreten werden könnte. Allenfalls könnte vorliegend auch argumentiert werden, dass die Mahnung bereits in der Rechnungsstellung enthalten gewesen sei. Dies hätte zur Folge, dass Herr Fischer bereits mit Fristablauf in Verzug geraten wäre und FleuRun bereits ab Fristablauf den Verzugszins fordern könnte.

Übungsfall 2: Der verunfallte Essayist

Der Inhalt des vorliegenden Vertrages betraf ein Ticket für eine Lesung eines bereits verstorbenen Essayisten. Gemäss OR 20 führt ein ursprünglich objektiv unmöglicher Vertragsinhalt zur Nichtigkeit des betroffenen Vertrages. Wäre allerdings der Tod des Essayisten erst nach Vertragsabschluss, jedoch vor Durchführung der Lesung eingetreten, so würde es sich um einen Fall der nachträglichen objektiven Unmöglichkeit handeln und die Forderung würde gemäss OR 119 als erloschen gelten.

Übungsfall 3: Schachspiel-Knacknuss

Der Produzent in Thailand erfüllt seine vertraglichen Verpflichtungen nicht. Es stellt sich somit zuerst die Frage, um welche Art der Leistungsstörung es sich handelt. Da der Produzent das Holz nicht fristgemäss beschaffen kann, könnte es sich um Unmöglichkeit handeln. Vorliegend handelt es sich aber weder um eine objektive Unmöglichkeit, weil andere Produzenten über entsprechendes Holz verfügen, und auch nicht um subjektive Unmöglichkeit, weil auch der vertraglich gebundene Produzent die Schachbretter herstellen kann, sobald er wieder über das notwendige Holz verfügt. Es folgt daraus, dass die Vertragserfüllung nicht unmöglich i.S.v. OR 97/119 ist.

Es stellt sich daher die Frage, ob in casu ein Schuldnerverzug vorliegt (OR 102 ff.). Ein Schuldnerverzug liegt dann vor, wenn der Schuldner nicht leistet, obwohl ihm die Erbringung der Leistung möglich wäre, die Forderung fällig ist, der Schuldner vom Gläubiger gemahnt oder ein Verfalltag vereinbart wurde und keine verzugshindernden Gründe vorliegen. Dass der Produzent nicht leistet trotz grundsätzlicher Leistungsmöglichkeit, wurde bereits ausgeführt. Auch die Fälligkeit der Forderung ergibt sich ohne Weiteres aus dem Sachverhalt. Der Schuldner gerät grundsätzlich erst nach unmissverständlicher Leistungsaufforderung in Verzug. Da die Parteien vorliegend keinen Verfalltag vereinbart haben, muss Brabov den Produzenten ausdrücklich mahnen, um ihn in Verzug zu setzen. Da kein Gläubigerverzug vorliegt und auch sonst keine verzugshindernden Gründe ersichtlich sind, treten die Verzugsfolgen ein, sobald Brabov den Produzenten gemahnt hat.

Um sich aus dem Vertrag lösen zu können, muss Brabov dem Produzenten eine angemessene Nachfrist ansetzen (OR 107 Abs. 1). Nach Ablauf der Frist muss er diesem unverzüglich erklären, dass er auf die nachträgliche Leistung verzichtet. Danach kann Brabov vom Vertrag zurücktreten und Ersatz der ihm entstandenen Kosten verlangen (negatives Vertragsinteresse). Die bereits geleisteten CHF 50'000.– kann er zurückfordern (OR 109 Abs. 1).

Lösungen zum 10. Teil: Das Erlöschen der Obligationen

Beendigung von Schuldverhältnissen

1. Bei der Beendigung von Schuldverhältnissen ist zwischen dem Erlöschen der einzelnen Forderungen und dem Schuldverhältnis als Ganzes zu unterscheiden. Das Schuldverhältnis erlischt erst mit der Erfüllung sämtlicher aus ihm fliessenden Pflichten, d.h. aller einzelnen Forderungen.
2. Schuldverhältnisse können entweder:
   - durch Aufhebungsvertrag;
   - durch Kündigung;
   - durch Rücktritt oder
   - aufgrund gesetzlicher Anordnung (z.B. OR 338 Abs. 1) aufgehoben werden.

Erlöschen von Obligationen im Allgemeinen

3. Wird der Inhalt des dritten Titels des Allgemeinen Teils betrachtet, so ist der Titel insofern zu präzisieren, als:
   - der wichtigste Erlöschensgrund, nämlich das *Erlöschen durch Erfüllung,* nicht an dieser Stelle behandelt wird;
   - der dritte Titel neben der Erfüllung auch weitere Erlöschensgründe nicht nennt, wie beispielsweise die Verwirkung;
   - sich im dritten Titel auch die ausführliche Regelung bezüglich der *Verjährung* befindet, obwohl die Verjährung kein Erlöschensgrund ist.

Die einzelnen Erlöschungsgründe

4. Im dritten Titel werden der Aufhebungsvertrag (OR 115), die Neuerung (OR 116 f.), die Vereinigung (OR 118), die nachträgliche Leistungsunmöglichkeit (OR 119) und die Verrechnung (OR 120 ff.) behandelt.

5. Im dritten Titel werden auch das Erlöschen der Nebenrechte (OR 114) sowie die Verjährung (OR 127 ff.) geregelt.
6. Nebenrechte sind beispielsweise die Bürgschaft, Pfand- und Retentionsrechte, Eigentumsvorbehalte, Zinsen sowie Konventionalstrafen.
7. Gemäss OR 114 Abs. 1 gehen mit dem Untergang der Hauptforderung auch die mit ihr verbundenen Nebenrechte unter.
8. Ein Aufhebungsvertrag kann selbst dann formfrei abgeschlossen werden, wenn das Rechtsgeschäft, das der aufzuhebenden Forderung zugrunde liegt, formbedürftig war (OR 115).
9. OR 12 findet Anwendung auf die Abänderung eines ganzen Vertrages und OR 115 findet Anwendung auf den Erlass einzelner Forderungen. Für den Fall, dass ein Vertrag nur aus einer einzelnen Forderung besteht, geht OR 115 als lex specialis OR 12 vor (Vorsicht: Diese Ansicht ist nicht unbestritten).
10. Novation oder Neuerung im Sinne von OR 116 bedeutet die Umwandlung eines bestehenden Schuldverhältnisses in ein neues. Die alte Schuld geht mithin durch Begründung der neuen unter.
11. Für eine Novation wird vorausgesetzt, dass:
    - bereits eine Forderung besteht;
    - die Parteien ein neues Leistungsversprechen abgeben und annehmen; und
    - sie darüber hinaus einen Novierungswillen haben.
12. Gemäss OR 117 hat das Einsetzen einzelner Posten in einem Kontokorrent, wie beispielsweise das Verbuchen eines einzelnen Bezuges oder einer einzelnen Einzahlung, noch keine novierende Wirkung. Dahingegen bewirkt aber das Saldoziehen und Anerkennen bzw. Nichtbestreiten zumindest vermutungsweise Novation (OR 117 Abs. 2). Zu beachten gilt es weiter, dass bestehende Sicherheiten von der Novationswirkung im Kontokorrentverhältnis nicht erfasst werden (OR 117 Abs. 3).
13. Unter Konfusion oder Vereinigung wird das Erlöschen einer Forderung durch das Zusammenfallen der Schuldner- und Gläubigerstellung in derselben Vermögensmasse einer Person verstanden (OR 118 Abs. 1).
14. Die positiven Voraussetzungen sind, dass:
    - sowohl beim Verrechnenden wie auch beim Verrechnungsgegner eine *Forderung besteht* (OR 120 Abs. 1);

- zwischen Haupt- und Verrechnungsforderung eine *Gegenseitigkeit* besteht, d.h. die Verrechnungsforderung sich gegen den Verrechnungsgegner, die Hauptforderung gegen den Verrechnenden richtet;
- die zu verrechnenden Forderungen *gleichartig* sind;
- die Verrechnungsforderung *fällig* ist (entgegen dem Wortlaut von OR 120 Abs. 1 genügt für die Hauptforderung Erfüllbarkeit); und
- die Verrechnungsforderung klagbar ist.

Negativ wird vorausgesetzt, dass weder ein gesetzlicher noch ein vertraglicher Verrechnungsausschluss besteht (vgl. beispielsweise OR 125).

15. Liegt eine Verrechnungslage vor, sind also die sieben Voraussetzungen erfüllt, so bedarf es weiter einer ausdrücklichen oder stillschweigenden Erklärung des Verrechnenden gegenüber dem Verrechnungsgegner (*Verrechnungserklärung*, OR 124 Abs. 1).

16. Bei Vorliegen einer gültigen Verrechnungserklärung erlöschen sowohl die Verrechnungs- wie auch die Hauptforderung, allerdings nur bis zum Betrag der kleineren Forderung von beiden (vgl. OR 124 Abs. 2).

Verjährung (OR 127 ff.)

17. Obwohl das Institut der Verjährung im dritten Titel des OR geregelt ist, handelt es sich nicht um einen Erlöschungsgrund. Die Verjährung führt lediglich zur *Entkräftung einer Forderung durch Zeitablauf*. Sie kann vom Schuldner einredeweise geltend gemacht werden und verhindert dadurch die Klagbarkeit der Forderung.

18. Gemäss OR 127 gilt grundsätzlich eine 10-jährige Verjährungsfrist.

19. Das Gesetz zählt in OR 128 zahlreiche Rechtsverhältnisse auf, bei denen die daraus entstehenden Forderungen bereits nach fünf Jahren verjähren. Darüber hinaus verjähren Ansprüche aus Versicherungsvertrag bereits nach zwei Jahren seit der Entstehung (VVG 46).

20. Gemäss OR 129 sind die im dritten Titel des OR aufgestellten Verjährungsfristen unabänderlich. Verjährungsfristen ausserhalb des dritten Titels können mithin, sofern sie nicht zwingender Natur sind, durch Parteivereinbarung abgeändert werden.

21. Die Verjährungsfrist beginnt grundsätzlich mit Eintritt der Fälligkeit zu laufen (OR 130 Abs. 1). Tritt bei einer Forderung die Fälligkeit erst auf Kündi-

gung hin ein, so beginnt die Verjährungsfrist mit dem Tag, auf den hin die Kündigung zulässig wäre (OR 130 Abs. 2).

22. Der *Stillstand* und die *Hinderung* sind in OR 134 Abs. 1 geregelt.
23. Wird eine Verjährungsfrist unterbrochen, so beginnt sie von Neuem zu laufen (OR 137 Abs. 1).
24. Durch Anerkennung einer Forderung durch den Schuldner wird die Verjährung unterbrochen. Eine solche Anerkennung erfolgt auch durch Zins- und Abschlagszahlungen sowie durch Pfand- und Bürgschaftsbestellung (OR 135 Ziff. 1).
25. Betreibt der Gläubiger den Schuldner oder macht er seine Forderung klage- oder einredeweise vor Gericht geltend, so führt dies ebenfalls zu einer Unterbrechung der Verjährung (OR 135 Ziff. 2).
26. Der Eintritt der Verjährung bewirkt, dass dem Schuldner ein Leistungsverweigerungsrecht, welches er einredeweise geltend machen kann, zusteht. Dieses Leistungsverweigerungsrecht bezieht sich ebenfalls auf die Nebenrechte (OR 133).
27. Nach Geltendmachung einer Forderung kann der Schuldner jederzeit auf die Einrede der Verjährung verzichten. Er kann sich allerdings nicht im Voraus verpflichten, später die Einrede der Verjährung nicht zu erheben (OR 141 Abs. 1).
28. Nein, weil die Forderung durch die Verjährung nicht untergeht, darf der Richter die Verjährung nicht von Amtes wegen beachten (OR 142).

Übungsfall 1: Hobbysportler

Für eine gültige Verrechnung müssen neben der von Phönix gemachten Verrechnungserklärung sowohl positiv wie auch negativ Voraussetzungen erfüllt sein. Positiv wird verlangt, dass die bestehenden Forderungen gegenseitig, gleichartig, fällig und klagbar sind. Negativ wird das Nichtbestehen eines Verrechnungsverbotes vorausgesetzt.

Die Forderung aus dem Kaufvertrag und die Forderung aus kaufrechtlicher Gewähr bestehen vorliegend zwischen denselben Parteien, mithin ist die Gegenseitigkeit gegeben. Sowohl die Kaufpreiszahlung wie auch die Zahlung aus Minderung sind Geldschulden und somit gleichartig. Die Forderung ist neben ihrer Fälligkeit auch klagbar, weil die Verjährungsfrist von OR 210 Abs. 1 bezüglich der Sachmängelgewährleistung noch nicht abgelaufen ist. Da auch keine

Hinweise auf einen vertraglichen oder gesetzlichen Verrechnungsausschluss bestehen (OR 125/126), sind die Voraussetzungen von OR 120 ff. für eine gültige Verrechnung vorliegend erfüllt. Die Hauptforderung ist somit in der Höhe der Verrechnungsforderung getilgt und Cyclemade muss sich mit der Zahlung der CHF 7'500.– begnügen.

Übungsfall 2: Handwerksarbeit?

Byrd stellt sich auf den Standpunkt, die Forderung der Port AG sei verjährt. Er macht mithin implizit geltend, dass es sich vorliegend um eine Forderung aus Handwerksarbeit handle, welche gemäss OR 128 Abs. 3 einer fünfjährigen Verjährungsfrist unterliege. Für die Bestimmung, ob es sich bei einer Leistung um eine Handwerksarbeit handle, ist einzig der Charakter der Arbeit massgebend, zu welcher sich der Unternehmer nach dem Inhalt des konkreten Werkvertrages verpflichtet hat. Insbesondere spielt es keine Rolle, ob die Arbeit von einem Handwerker im herkömmlichen Sinn erbracht wird. Ebenfalls keine Rolle spielt es, ob der Unternehmer die Arbeit allein oder mit Hilfspersonen ausführt oder gar weitervergibt.

Gemäss der Rechtsprechung des Bundesgerichts ist Handwerksarbeit dadurch gekennzeichnet, dass die manuelle Tätigkeit die übrigen Leistungen, insbesondere die maschinelle, organisatorische und administrative, überwiegt oder zumindest aufwiegt. Die Verwendung von vorfabrizierten Teilen oder die Unterstützung durch Maschinen steht der Qualifikation als Handwerksarbeit nicht im Wege. Wenn sich hingegen die Tätigkeit des Unternehmers darin erschöpft, dass er Normtüren liefert und an ihrem Bestimmungsort montiert, so kann diese Tätigkeit nicht mehr als handwerklich gelten, weil der Verkauf von Produkten aus industrieller Fertigung im Vordergrund steht.

Wurden im vorliegenden Fall somit die Türen speziell nach Mass für die entsprechende Überbauung gefertigt und vor Ort umfassend angepasst, so könnte die Tätigkeit u.U. als handwerklich qualifiziert werden. Viel wahrscheinlicher ist aber, dass es sich um die Lieferung und Montage von Normtüren gehandelt hat. Unter diesen Umständen kann die erbrachte Leistung nicht als Handwerksarbeit im Sinne von OR 128 Abs. 3 gelten. Die Werklohnforderung der Port AG ist daher noch nicht verjährt (OR 127).

Lösungen zum 11. Teil: Besondere Verhältnisse bei Obligationen

Mehrzahl von Schuldnern

1. Bei der Teilschuld muss jeder Schuldner dem Gläubiger seinen Anteil an einer Gesamtleistung erbringen. Die Teilschulden haben zwar einen einheitlichen Entstehungsgrund, doch sind sie nach ihrer Entstehung voneinander unabhängig. Erbringt deshalb ein Schuldner seine Teilleistung, dann wirkt die Erfüllung nur für ihn selbst. Teilschuldnerschaft entsteht durch Gesetz (z.B. ZGB 428 Abs. 2, OR 148 Abs. 2) oder Vertrag.

2. Bei der gemeinschaftlichen Schuld ist eine Leistung von allen Schuldnern gemeinsam zu erbringen. Dementsprechend kann der Gläubiger die Leistung nur von allen Schuldnern gemeinsam fordern. Die gemeinschaftliche Schuld kann sich aus tatsächlichen (Lehrbuchbeispiel: Auftritt einer Musikgruppe) oder aus rechtlichen Gründen (z.B. bei einem Gesamthandsverhältnis) ergeben.

3. Bei der Solidarschuld ist jeder Schuldner gleich verpflichtet, die ganze Leistung zu erbringen (OR 143 Abs. 1). Nach OR 144 Abs. 1 kann der Gläubiger «nach seiner Wahl von allen Solidarschuldnern je nur einen Teil oder das Ganze fordern». «Sämtliche Schuldner bleiben so lange verpflichtet, bis die ganze Forderung getilgt ist» (OR 144 Abs. 2). Die Solidarschuld entsteht durch eine entsprechende Willenserklärung (OR 143 Abs. 1) oder von Gesetzes wegen (OR 143 Abs. 2).

4. a) Ja. Nach OR 145 Abs. 1 kann der in Anspruch genommene Solidarschuldner Einwendungen und Einreden geltend machen, die «aus dem gemeinsamen Entstehungsgrunde oder Inhalte der solidarischen Verbindlichkeit hervorgehen». Die Einwendung, wonach die vertragliche Grundlage der Solidarschuld widerrechtlich sei, wäre im Übrigen auch B zugestanden.

   b) Nein. Ein Solidarschuldner kann dem Gläubiger nur solche Einwendungen und Einreden entgegensetzen, die «aus seinem persönlichen Verhältnisse zum Gläubiger» hervorgehen (OR 145 Abs. 1). Aus diesem Grund kann A lediglich Verrechnung mit einer eigenen Forderung erklären, aber nicht mit der von B.

   c) Nein. Ein Solidarschuldner kann keine Einreden und Einwendungen geltend machen, die aus seinem Verhältnis mit einem anderen Solidarschuldner herrühren (vgl. OR 145 Abs. 1). Daher kann A nicht fordern, dass sich C an B zu wenden habe.

d) Ja. Der Willensmangel von A betrifft das persönliche Verhältnis zwischen ihm und C, weshalb eine solche Einwendung gemäss OR 145 Abs. 1 möglich ist.

5. Nach OR 148 Abs. 1 haften die Solidarschuldner grundsätzlich zu gleichen Teilen. Damit hat A CHF 10'000.– zu viel bezahlt. Für diesen Mehrbetrag räumt ihm OR 148 Abs. 2 einen eigenständigen Rückgriffsanspruch ein.

Die Rückgriffsschuldner haften dem Berechtigten nicht solidarisch, sondern nur für den sich aus dem internen Verhältnis ergebenden Anspruch. Demnach kann A von B und C nur ihren jeweiligen Anteil, also je CHF 5'000.–, einfordern.

Fällt ein Mitschuldner aus, so ist dessen Anteil nach OR 148 Abs. 3 gleichmässig unter die verbleibenden Mitschuldner zu verteilen. Folglich hat A gegenüber B einen Anspruch von CHF 7'500.– (CHF 5'000.– nach gleichmässiger Aufteilung der gesamten Schuld unter die drei Solidarschuldner sowie CHF 2'500.– nach gleichmässiger Aufteilung des Ausfallteils von C unter A und B).

Mehrzahl von Gläubigern

6. Bei der Teilgläubigerschaft ist jeder Gläubiger berechtigt, seinen Anteil an einer teilbaren Leistung zu fordern. Die Forderungen haben zwar einen gemeinsamen Rechtsgrund, doch bestehen sie nach ihrer Begründung unabhängig voneinander. Die Teilgläubigerschaft ist im OR nicht allgemein geregelt, die Anleihensobligation nach OR 1156 ff. stellt aber einen praktischen Anwendungsfall dar.

7. Bei der gemeinschaftlichen Gläubigerschaft steht die Forderung den Gläubigern ungeteilt zu. Der Schuldner kann sich daher nur dadurch von seiner Leistungspflicht befreien, indem er an alle Gläubiger gemeinsam leistet. Gemeinschaftliche Gläubigerschaft besteht bei Gesamthandsverhältnissen (z.B. Erbengemeinschaft oder einfache Gesellschaft) sowie bei Miteigentum betreffend Forderungen, die sich auf die ganze Sache beziehen.

8. Grundsätzlich können die Gläubiger die Leistung nur gemeinsam fordern. Je nach Rechtsverhältnis kann aber für bestimmte Schulden ein einzelner Gläubiger Leistung an alle geltend machen (vgl. z.B. ZGB 602 Abs. 2 oder OR 535).

9. Bei der Solidargläubigerschaft ist jeder Gläubiger gleichermassen berechtigt, die ganze Leistung an sich selbst zu verlangen (OR 150 Abs. 1). Leistet der Schuldner an einen Solidargläubiger, ist er gegenüber allen von seiner Verpflichtung befreit (OR 150 Abs. 2). Die Solidargläubigerschaft entsteht entweder aus Vertrag (z.B. bei einem Gemeinschaftskonto von Ehegatten, über das beide Gatten selbstständig verfügen können) oder von Gesetzes wegen (OR 262 Abs. 3 oder OR 399 Abs. 3).

10. Der Schuldner kann nach OR 150 Abs. 3 solange an den Solidargläubiger seiner Wahl leisten, als er von keinem rechtlich belangt worden ist.

Beziehungen zu dritten Personen

11. Diese zwei Ausnahmefälle sind in OR 110 Ziff. 1 und 2 geregelt:
    - Nach Ziff. 1 geht die Forderung des Gläubigers auf denjenigen Dritten über, der eine fremde Schuld einlöst für eine verpfändete Sache, an der ihm ein dingliches Recht zusteht.
    - Nach Ziff. 2 findet ein Forderungsübergang zudem dann statt, wenn der Schuldner dem Gläubiger anzeigt, dass der leistende Dritte an die Stelle des Gläubigers treten soll.

12. Dieser Forderungsübergang wird *Subrogation* genannt.

13. Das in OR 111 geregelte Versprechen wird als *Garantievertrag* bezeichnet. Dieser Begriff ist treffender als die irreführende Marginalie zu OR 111, da ein Dritter durch einen fremden Vertrag nicht verpflichtet bzw. «belastet» werden kann.

14. Der Garantievertrag ist im Unterschied zur Bürgschaft unabhängig vom Bestand der Verpflichtung zwischen Gläubiger und Drittem (die sicherzustellende Verpflichtung); der Garantievertrag ist damit *nicht akzessorisch*. Daher deutet ein *Eigeninteresse* des Verpflichtenden an der Sicherstellung auf einen Garantievertrag hin. Bei Versprechen von Privatpersonen ist im Zweifelsfall von einer Bürgschaft auszugehen. Umgekehrt gelten Garantieerklärungen geschäftsgewandter Banken vermutungsweise als Garantieverträge.

Die Bürgschaft ist im Gegensatz zum Garantievertrag formbedürftig (OR 493) und bedarf unter bestimmten Umständen der Zustimmung des Ehegatten (OR 494).

15. Beim Vertrag zugunsten eines Dritten verpflichtet sich der Versprechende gegenüber dem Versprechensempfänger, die geschuldete Leistung an einen Dritten zu erbringen, der selber nicht Vertragspartei ist (OR 112).

    Beim Vertrag zugunsten eines Dritten handelt es sich um keinen eigenen Vertragstyp. Vielmehr können die Parteien grundsätzlich jeden obligationenrechtlichen Vertrag als Vertrag zugunsten eines Dritten ausgestalten.

16. Es gibt den *echten* und den *unechten* Vertrag zugunsten eines Dritten.

    Beim echten Vertrag zugunsten eines Dritten räumen die Vertragsparteien einem Dritten ein *selbstständiges Forderungsrecht* ein. Durch eine solche Abrede wird der Dritte – ohne selbst Vertragspartei zu sein – neben dem Versprechensempfänger zum Gläubiger der Leistung. Der Umfang seiner Ansprüche richtet sich nach der Vereinbarung zwischen Versprechendem und Versprechensempfänger.

    Beim unechten Vertrag zugunsten eines Dritten ist *ausschliesslich der Versprechensempfänger berechtigt, Erfüllung der Forderung an den Dritten zu verlangen*. Der Dritte kann daher nicht selbstständig auf Leistung klagen. Er ist lediglich Begünstigter und nicht Gläubiger.

17. Der Vertrag mit Schutzwirkung zugunsten Dritter gewährt einem gläubigernahen Dritten eigene (quasi-)vertragliche Schadenersatzansprüche gegen den Vertragsschuldner. Mithilfe dieses Instituts sollen geschädigte Dritte, die im Gefahrenbereich einer vertraglichen Leistung stehen und an deren Schutz der Gläubiger ein besonderes Interesse hat, ihren Ersatzanspruch nicht bloss auf das Deliktsrecht, sondern auf das günstigere Vertragsrecht stützen können.

    Das BGer hat den Vertrag mit Schutzwirkung zugunsten Dritter bis anhin nicht anerkannt. Trotzdem prüft es dessen Voraussetzungen bisweilen unverbindlich (vgl. z.B. BGE 130 III 347 f.).

Bedingungen

18. Ein Rechtsgeschäft ist bedingt i.S.v. OR 151 ff., wenn seine Wirksamkeit nach dem Willen der Parteien von einer *ungewissen zukünftigen Tatsache* abhängt.

19. Nein. Rechtsgeschäfte sind zwar grundsätzlich bedingungsfreundlich, doch kann sich die Unzulässigkeit einer Bedingung entweder aus der Bedingungs-

feindlichkeit eines Rechtsgeschäfts (z.B. Eheschliessung oder Adoption) oder aus dem Bedingungsverbot von OR 157 ergeben.

20. Eine aufschiebende (oder suspensive) Bedingung liegt vor, wenn die Wirksamkeit des Rechtsgeschäfts vom Eintritt der Bedingung abhängt.

    Eine auflösende (oder resolutive) Bedingung liegt vor, wenn der Fortbestand des wirksamen Rechtsgeschäfts vom Eintritt der Bedingung abhängt.

21. Bei der potestativen (oder willkürlichen) Bedingung hängt der Eintritt der Bedingung vom Willen einer Vertragspartei ab.

    Bei der kasuellen Bedingung hängt der Eintritt der Bedingung von einem Ereignis ab, das die Parteien nicht beeinflussen können.

    Bei der gemischten Bedingung hängt der Eintritt der Bedingung sowohl vom Willen einer Vertragspartei als auch von einem unbeeinflussbaren Ereignis ab.

22. Der Zustand zwischen dem Abschluss sowohl des aufschiebend als auch des auflösend bedingten Rechtsgeschäfts und dem Eintritt oder Ausfall der Bedingung heisst *Schwebezustand*.

23. Ja. Die Rechte und Pflichten der Parteien eines aufschiebend bedingten Rechtsgeschäfts vor Bedingungseintritt sind in OR 152 geregelt. Die Rechte einer Partei werden bisweilen als Anwartschaft bezeichnet.

24. Mit dem Bedingungseintritt endet die Schwebezeit, und das Rechtsgeschäft wird voll wirksam. Für diese Wirkung bedarf es keiner Willenserklärung einer Partei, sie tritt vielmehr automatisch (eo ipso) ein. Die Rechtslage ändert sich grundsätzlich ex nunc (OR 151 Abs. 2, vgl. aber OR 153).

25. Mit Bedingungseintritt fällt das auflösend bedingte Rechtsgeschäft automatisch (eo ipso) dahin. Die Rechtslage ändert sich grundsätzlich ex nunc (OR 154).

26. Mit dem Bedingungsausfall treten die Rechtswirkungen des aufschiebend bedingten Rechtsgeschäfts nicht ein.

27. Mit dem Bedingungsausfall wird das auflösend bedingte Rechtsgeschäft endgültig wirksam.

28. Nach OR 156 gilt eine Bedingung als erfüllt, wenn eine Partei ihren Eintritt treuwidrig verhindert. Umgekehrt ist nach BGer eine Bedingung als ausgefallen zu betrachten, wenn eine Partei ihren Eintritt treuwidrig herbeiführt.

Sicherung von Forderungen

29. Grundsätzlich ja. Die Konventionalstrafe setzt keinen Schaden voraus (OR 161 Abs. 1). Folgerichtig ist auch nicht verlangt, dass die Konventionalstrafe den Betrag des eingetretenen Schadens nicht übersteigen darf. Andernfalls würde die Konventionalstrafe ihren Strafcharakter verlieren. Der Schaden spielt lediglich insofern eine Rolle, als dass er ein Indiz für eine überhöhte Konventionalstrafe bilden kann (OR 163 Abs. 3; zum Ganzen vgl. BGE 133 III 54 f. sowie den leading case BGE 114 II 264).

30. Der Inhalt einer Konventionsstrafe ist notwendigerweise eine positive Leistung. Nach neuer Rechtsprechung des Bundesgerichts ist jedoch auch die Verminderung von Aktiven (z.B. der Verlust einer Forderung) als positive Leistung zu verstehen. Eine Konventionsstrafe kann folglich aus der Übernahme eines Rechtsverlusts bestehen.

31. Die Konventionalstrafe ist ein akzessorisches Nebenrecht zum Recht auf die Hauptleistung. Die Konventionalstrafe setzt damit den gültigen Bestand der Hauptforderung voraus. Geht die Hauptschuld unter, bevor die Konventionalstrafe verfallen ist, oder ist die Hauptschuld ungültig, erlischt auch die Konventionalstrafe (vgl. für die Ungültigkeit OR 163 Abs. 2).

32. Nein. Die in OR 160 Abs. 1 enthaltene Vermutung, wonach der Gläubiger bei Nichteinhaltung der Erfüllungszeit sowohl die Erfüllung als auch die Strafe verlangen kann, bezieht sich nicht auf den Schadenersatz. Für das Verhältnis zwischen Schadenersatz und Konventionalstrafe gilt vielmehr OR 161. Nach OR 161 Abs. 2 kann der Gläubiger zusätzlich zur Konventionalstrafe lediglich den Mehrbetrag des Schadenersatzes fordern. Dabei hat er – anders als in OR 97 Abs. 1 – das Verschulden des Schuldners nachzuweisen.

Übungsfall 1: Der Bedingungsausfall

a) Kathrin möchte auf die Bedingung verzichten und den Vertrag trotz Bedingungsausfall vollziehen. Sybille ist damit jedoch nicht einverstanden. Grundsätzlich gilt, dass eine Partei den Vertrag nicht einseitig ändern kann. Im vorliegenden Fall ist aber zu beachten, dass die Bedingung einzig zugunsten von Kathrin vereinbart worden ist. Das BGer hat die Frage in BGE 95 II 531 offengelassen, ob die Partei, die von der Bedingung begünstigt wird, auf diese verzichten kann. Nach Auffassung verschiedener

Autoren soll jedoch die Vertragspartei, die durch eine Bedingung einseitig begünstigt wird, den Vollzug des Geschäfts auch bei deren Ausfall fordern dürfen. Folgt man dieser Lehrmeinung, dann kann Kathrin trotz des Bedingungsausfalls den Vollzug des Vertrags fordern.

b) Die Bedingung besteht darin, dass die von Sabrina gelieferten Proben des Hundefutters einem Qualitätstest von Melanie genügen müssen. Da Sabrina die Proben nicht zur Verfügung stellt, vereitelt sie den Bedingungseintritt. Folgt man dem Wortlaut von OR 156, gilt die Bedingung als eingetreten und der Vertrag wird wirksam. Melanie müsste demgemäss den Kaufpreis bezahlen, ohne die Ware überprüfen zu können. Diese Rechtsfolge liegt offensichtlich nicht im Interesse von Melanie. In der Lehre wird deshalb die Auffassung vertreten, dass in Fällen, in denen die Erfüllungsfiktion nicht die passende Rechtsfolge bildet, andere Folgen (z.B. Schadenersatz) Anwendung finden sollen. Umstritten ist indes, ob sich diese alternativen Rechtsfolgen auf OR 156 abstützen lassen oder ob dabei auf andere gesetzliche Vorschriften zurückzugreifen ist (z.B. OR 97 Abs. 1).

Übungsfall 2: Der geschenkte Arztbesuch

Laurent vereinbart mit einem Dermatologen einen Arztbesuch für seinen Bruder. Da Laurent in eigenem Namen und auf eigene Rechnung handelt, liegt keine Stellvertretung vor. Vielmehr schliessen sie einen Arztvertrag (Auftrag) zugunsten eines Dritten (OR 112).

Ob Thomas ein vertraglicher Schadenersatzanspruch zusteht, hängt davon ab, ob ein echter oder ein unechter Vertrag zugunsten eines Dritten vorliegt. Denn beim echten Vertrag zugunsten eines Dritten räumen die Vertragsparteien (hier Laurent und der Dermatologe) einem Dritten (hier Thomas) ein selbstständiges Forderungsrecht ein. Durch eine solche Abrede wird der Dritte – ohne selbst Vertragspartei zu sein – neben dem Versprechensempfänger zum Gläubiger der Leistung. Der Umfang seiner Ansprüche richtet sich nach der Vereinbarung zwischen Versprechendem und Versprechensempfänger. Grundsätzlich darf davon ausgegangen werden, dass der Dritte alle Recht geltend machen kann, die unmittelbar mit der Gläubigerstellung verbunden sind. Neben einem Primärleistungsanspruch stehen ihm daher auch Sekundärleistungsansprüche zu wie Schadenersatz wegen Nicht- oder Schlechterfüllung.

Beim unechten Vertrag zugunsten eines Dritten ist ausschliesslich der Versprechensempfänger berechtigt, Erfüllung der Forderung an den Dritten zu verlangen. Der Dritte kann nicht selbstständig auf Leistung klagen. Er ist lediglich Begünstigter und nicht Gläubiger. Daher kann nach überwiegender Auffassung grundsätzlich nur der Versprechensempfänger Schadenersatzansprüche aus Nicht- oder Schlechterfüllung geltend machen. Dem Dritten stehen danach nur Schadenersatzansprüche aus OR 41 ff. zu.

Ob ein echter oder unechter Vertrag zugunsten eines Dritten vorliegt, bestimmt sich primär nach dem Willen der Parteien und in zweiter Linie nach der Übung (OR 112 Abs. 2). Besondere Beachtung verdient dabei das Interesse des Versprechensempfängers. Es ist daher zu prüfen, ob er die Gläubigerstellung mit dem Dritten teilen will. Eine entsprechende Vermutung besteht gemäss BGer nicht.

Aus dem Sachverhalt ergibt sich, dass Laurent den Arztvertrag abschliesst, um seinem Bruder die bestmögliche Behandlung zukommen zu lassen. Es ist ersichtlich, dass es ihm alleine um das Wohlergehen seines Bruders geht. Daraus kann gefolgert werden, dass Laurent bereit ist, seine Gläubigerstellung mit seinem Bruder zu teilen, und er ihm daher ein selbstständiges Forderungsrecht einräumen möchte, aus dem sich gegebenenfalls auch Schadenersatzansprüche ergeben können.

Nach dem Gesagten liegt ein echter Vertrag zugunsten eines Dritten vor, der es Thomas ermöglicht, einen eigenständigen Schadenersatzanspruch gegen den Dermatologen geltend zu machen (vgl. aber BGE 116 II 520, wo die Frage offengelassen wurde, ob der Mutter bei ärztlicher Fehlbehandlung des Kindes vertragliche Schadenersatzansprüche aus einem echten Vertrag zugunsten eines Dritten zustehen).

Übungsfall 3: Die ägyptischen Baumwollsamen

Alexander verspricht, dass er Gregory bei verspäteter Lieferung die Summe von CHF 20'000.– bezahlen wird. Es liegt somit ein aufschiebend bedingtes Leistungsversprechen für den Fall einer Späterfüllung vor. Bei der vereinbarten Geldsumme handelt es sich somit um eine Konventionalstrafe im Sinne von OR 160 ff.

Grundsätzlich kann der Gläubiger lediglich entweder die Erfüllung des Vertrages verlangen oder die Bezahlung der Konventionalstrafe fordern (OR 160 Abs. 1). Vorliegend findet aber eine Ausnahme von dieser Regel Anwendung. Weil Alexander Gregory die CHF 20'000.– für den Fall des Nichteinhaltens der Erfüllungszeit versprochen hat, kommt OR 160 Abs. 2 zum Zug: Liefert der Schuldner nicht rechtzeitig, kann der Gläubiger sowohl die Konventionalstrafe wie auch seinen Anspruch auf Lieferung der Ware geltend machen. Da Gregory die Lieferung jedoch vorbehaltlos angenommen hat, ist sein Anspruch auf die Konventionalstrafe untergegangen (OR 160 Abs. 2). Anzumerken bleibt, dass Gregory freilich sämtliche Ansprüche aus OR 97 ff. und 102 ff. verbleiben.

Lösungen zum 12. Teil: Abtretung und Schuldübernahme

Abtretung von Forderungen

1. Bei der Abtretung – auch Zession genannt – wird eine einzelne Forderung aus einem Schuldverhältnis durch den ursprünglichen Gläubiger vertraglich auf einen Dritten übertragen. Mithin sind an diesem Geschäft beteiligt der Zedent (ursprünglicher Gläubiger) und der Zessionar (Dritter). Dahingegen ist der *debitor cessus* (der Schuldner) an diesem Rechtsgeschäft nicht beteiligt.

2. Die Zession als solch ist ein Verfügungsgeschäft. Diesem liegt ein Verpflichtungsgeschäft, das sogenannte *pactum de cedendo,* zugrunde. Als mögliches Grundgeschäft kommen beispielsweise Forderungskauf oder Schenkung in Betracht, aber auch die Übertragung der Forderung an Zahlungs Statt oder zahlungshalber.

3. Aus Gründen des Verkehrsschutzes bedarf es für die Abtretung stets der schriftlichen Form, d.h., es muss die einfache Schriftlichkeit gemäss OR 13 ff. eingehalten werden. Zu beachten gilt, dass das Verpflichtungsgeschäft, in welchem sich der Zedent zur Übertragung der Forderung verpflichtet, formlos begründet werden kann (OR 165 Abs. 2).

4. Künftige Forderungen können, sofern sie abtretbar sind und sowohl der Schuldner, der Rechtsgrund und die Höhe der Forderung zumindest bestimmbar sind, unter der Voraussetzung abgetreten werden, dass die Einschränkungen von OR 27 Abs. 2 ZGB und OR 20 eingehalten werden.

5. Bei einer Globalzession tritt der Zedent dem Zessionar eine unbestimmte Vielzahl von bestehenden oder künftigen Forderungen ab. Damit die gesetzlichen Einschränkungen bezüglich der übermässigen persönlichen Bindung eingehalten werden, muss auch bei der Globalzession die Abtretung in zeitlicher und gegenständlicher Hinsicht beschränkt sein.

6. Wird eine Forderung mehrmals hintereinander übertragen, so wird von Kettenzession gesprochen. Überträgt dahingegen der Zedent eine Forderung auf mehrere Zessionare, so liegt eine Mehrfachzession vor.
7. Die Abtretbarkeit kann entweder durch das Gesetz ausgeschlossen sein (z.B. OR 325 Abs. 1 und 2) oder der Ausschluss kann sich aus der vertraglichen Vereinbarung zwischen Gläubiger und Schuldner ergeben (pactum de non cedendo). Darüber hinaus kann sich ein Ausschluss aus der Natur des Rechtsverhältnisses ergeben. Unabhängig davon, woraus sich der Ausschluss der Abtretbarkeit ergibt, ist die Rechtsfolge der Abtretung einer nichtabtretbaren Forderung immer die gleiche, nämlich deren Ungültigkeit.
8. Nein, weder Gestaltungsrechte noch dingliche Ansprüche gelten als Forderung im Sinne der OR 164 ff. und können damit auch nicht abgetreten werden.
9. Es findet ein Gläubigerwechsel statt.
10. Sofern die Parteien nichts Abweichendes vereinbart haben, gehen mit dem Forderungsübergang auch die Neben- und Vorzugsrechte sowie die mit der Forderung verbundenen Gestaltungsrechte über. Lediglich die Rechte höchstpersönlicher Natur, welche untrennbar mit der Person des Abtretenden verknüpft sind, bleiben vom Übergang ausgeschlossen.
11. Leistet der Schuldner in gutem Glauben an den Zedenten, bevor ihm die Abtretung mitgeteilt wurde, so ist er von der Schuld befreit (OR 167). Es wird angenommen, dass der Schuldner dann gutgläubig war, wenn er von der Abtretung nichts wusste und auch nach den Umständen nichts hätte wissen müssen. Weiter wird der Schuldner dadurch geschützt, dass wenn unklar ist, wem eine Forderung zusteht, er berechtigt ist, die Zahlung zu verweigern und sich durch gerichtliche Hinterlegung zu befreien (Prätendentenstreit, OR 168). Darüber hinaus ist zu beachten, dass der Schuldner diejenigen Einreden, welche ihm gegen den Zedenten zustanden, auch gegenüber dem Zessionar geltend machen kann (OR 169).
12. In denjenigen Fällen, in welchen der Schuldner schriftlich eine nicht bestehende Schuld anerkannt hat, kann ihn der gutgläubige neue Gläubiger auf dieser simulierten Schuld behaften (Rechtsscheinhaftung, OR 18 Abs. 2). Weiter wird der Gläubiger auch dann geschützt, wenn der Schuldner und der Zedent zwar ein Abtretungsverbot vereinbart haben, dieses aber auf der Schuldurkunde nicht vermerkt wurde (OR 164 Abs. 2).
13. Für den Bestand der Forderung haftet der Zedent lediglich bei der entgeltlichen Zession (OR 171 Abs. 1).

14. Eine Haftung für die Zahlungsfähigkeit des Schuldners kommt lediglich bei der entgeltlichen Zession infrage und auch da nur, wenn sich der Zedent explizit dazu verpflichtet hat. Bezüglich des Umfangs der Haftung ist OR 173 Abs. 1 massgebend, wonach der Zedent nur bis zur Höhe des empfangenen Gegenwertes einzustehen hat.
15. Ein Gläubigerwechsel ohne Abtretung findet beispielsweise bei der Universalsukzession (z.b. ZGB 560), bei der Vertragsübernahme (z.B. OR 263, OR 292 und OR 333 Abs. 1), bei der Legalzession (OR 166) und beim Gläubigerwechsel durch Urteil (OR 166) statt.
16. Diese Frage ist in der Lehre höchst umstritten. Bei der kausalen Konzeption hängt die gültige Verfügung vom Bestand des Grundgeschäftes ab. Bei der abstrakten Konzeption dagegen hat die Gültigkeit des Grundgeschäftes keine Auswirkungen auf die Wirksamkeit der Verfügung. Lange Zeit vertrat das Bundesgericht die Ansicht, dass die Zession abstrakt sei. Später liess es dann diese Frage ausdrücklich offen.

Schuldübernahme

17. Die Bezeichnung des Tatbestandes des OR 175 als interne Schuldübernahme ist insofern irreführend, als gar kein Schuldnerwechsel stattfindet. Es handelt sich vielmehr um einen Vertrag, bei dem ein Dritter dem Schuldner verspricht, diesen von seiner Verpflichtung gegenüber dem Gläubiger zu befreien.
18. Zur gültigen internen Schuldübernahme bedarf es eines Vertrags zwischen dem Schuldner und einem Dritten (Schuldübernehmer). Dieser Vertrag ist grundsätzlich formfrei gültig, ausser wenn das Übernahmeversprechen schenkungshalber erfolgt (einfache Schriftlichkeit, OR 243 Abs. 1).
19. Durch den Vertrag zwischen Schuldner und Schuldübernehmer verpflichtet sich der Schuldübernehmer dazu, den Schuldner beim Gläubiger zu befreien. Eine allfällige Befriedigung des Gläubigers durch Leistung durch den Schuldübernehmer kann der Schuldner allerdings erst dann verlangen, wenn die übernommene Schuld fällig geworden ist. Für den Gläubiger entstehen aus dem Schuldübernahmevertrag weder Rechte noch Pflichten.
20. Bei der externen Schuldübernahme wird der Gläubiger in die Vereinbarung mit einbezogen. Konkret vereinbart der Schuldübernehmer mit dem Gläubiger, dass Ersterer an die Stelle des Schuldners treten soll (OR 176).

21. Die externe Schuldübernahme kommt durch einen Vertrag, welchen der Gläubiger mit dem Schuldübernehmer abschliesst, zustande, ohne dass der Schuldner dabei mitzuwirken hätte. Bezüglich des Zustandekommens des Vertrages ist zu beachten, dass gemäss OR 176 Abs. 2 die Vermutung besteht, dass die Mitteilung einer internen Schuldübernahme als Antrag des Schuldübernehmers an den Gläubiger gilt. Die Annahme kann in der Folge ausdrücklich oder stillschweigend erfolgen (OR 176 Abs. 3).

22. Mit Abschluss des externen Schuldübernahmevertrages geht die Schuld auf den Schuldübernehmer über, und zwar samt allen Nebenrechten (OR 178 Abs. 1). Davon wiederum ausgeschlossen sind diejenigen Rechte, welche untrennbar mit der Person des Schuldners verknüpft sind. Bestehen Pfänder und Bürgschaften von Dritten, so bedarf es zu deren Übergang der Zustimmung der Betroffenen (OR 178 Abs. 2).

23. Wird ein zwischen dem Gläubiger und dem Übernehmer abgeschlossener Übernahmevertrag beispielsweise wegen Willensmangel oder durch Rücktritt vom Vertrag nachträglich hinfällig, so leben die Verpflichtungen des ursprünglichen Schuldners mit allen Nebenrechten wieder auf (OR 180 Abs. 1).

24. Die kumulative Schuldübernahme, welche auch Schuldbeitritt genannt wird, ist im Gesetz nicht geregelt. Sie kommt dadurch zustande, dass der Gläubiger mit dem Beitretenden einen Vertrag schliesst, womit sich dieser verpflichtet, solidarisch mit dem Schuldner für dessen Verpflichtungen zu haften. Im Resultat führt die kumulative Schuldübernahme zu einer Stärkung der Gläubigerstellung. Es handelt sich mithin um ein Sicherungsmittel, welches im Gegensatz zur Bürgschaft formlos vereinbart werden kann.

Übungsfall 1: Morgenstund hat Gold im Mund

Wie für jeden Vertrag benötigt ein Schuldübernahmevertrag für sein gültiges Zustandekommen einen Antrag und dessen Annahme durch die Gegenpartei. Indem vorliegend Herr Tanner dem Verkäufer mitteilt, den Preis für das Zigarettenpäckchen anstelle von Frau Beck zu übernehmen, gibt er einen gültigen Antrag ab. Bei der externen Schuldübernahme muss der Gläubiger mittels Annahme des Antrags zum Schuldübernahmevertrag seine Zustimmung zum Schuldnerwechsel geben. Indem der Verkäufer vorliegend auf den Antrag des Herrn Tanner nickt und in der Folge Frau Beck das Päckchen aushändigt, nimmt er den Antrag ausdrücklich an. Gemäss der gesetzlichen Regelung ist es nicht notwendig, dass die Annahmeerklärung des Gläubigers ausdrücklich erfolgt, sondern es genügt auch, wenn sie aus den Umständen hervorgeht (OR 176 Abs. 3).

Im konkreten Fall liegt somit eine übereinstimmende Willensäusserung bezüglich des externen Schuldübernahmevertrages vor. Da dieser Vertrag weder einer bestimmten Form bedarf (OR 11 Abs. 1), *noch eine explizite Zustimmung der Altschuldnerin notwendig ist* und es darüber hinaus auch keiner vorangehenden internen Schuldübernahme bedarf, ist der externe Schuldübernahmevertrag gültig zustande gekommen und Herr Tanner ist verpflichtet, dem Verkäufer den entsprechenden Preis für das Zigarettenpäckchen zu bezahlen (OR 176 Abs. 1 i.V.m. OR 184 Abs. 1).

Übungsfall 2: Inkassosorgen eines Kardiologen

a) Mit der Abtretung an die Ärzteinkassogesellschaft hat der Kardiologe seine Rechte an den Forderungen verloren und hat somit keine Möglichkeit, den Restbetrag seiner ehemaligen Forderung einzuklagen. Durch die Abtretung ist die Ärzteinkassogesellschaft Inhaberin sämtlicher Rechte aus den Forderungen geworden und ist daher alleinig berechtigt, diese geltend zu machen.

b) Vorliegend handelt es sich um eine entgeltliche Zession. Der Kardiologe haftet daher grundsätzlich für den Bestand der abgetretenen Forderungen. Dahingegen liegt die Zahlungsfähigkeit nicht in seiner Risikosphäre. Möchte die Ärzteinkassogesellschaft, dass der Kardiologe auch für die Zahlungsfähigkeit von Frau Schneller einzustehen hätte, dann müsste sie dies bei der Abtretung explizit mit dem Kardiologen vereinbaren. Das Risiko der Zahlungsunfähigkeit wurde bereits mit dem Abschlag der CHF 25'000.– abgegolten.

Übungsfall 3: Bootshandel

Vorliegend handelt es sich um die Zession einer Forderung aus kaufrechtlicher Gewährleistung (OR 164 ff.). Eine Abtretung besteht grundsätzlich aus zwei Verträgen: dem formlos gültigen pactum de cedendo (Verpflichtungsvertrag) und der formbedürftigen Zession (Verfügungsvertrag). Vorliegend ist der Verpflichtungsvertrag zwischen Romain und Mike gültig zustande gekommen. Eine

Zustimmung oder auch nur schon die Kenntnisnahme durch den debitor cessus ist nicht notwendig.

Zu prüfen bleibt, ob auch die Voraussetzungen des Verfügungsvertrages erfüllt sind. Grundsätzlich sind alle Forderungen abtretbar. Nicht abtretbar sind dahingegen Gestaltungsrechte. Da vorliegend Mike dem Romain nicht das Gestaltungsrecht (Minderungsrecht) an sich, sondern nur die daraus entstandene Forderung abtritt, ist dies zulässig. Weiter ist auch das Formerfordernis der Schriftlichkeit erfüllt und es sind keine vertraglichen oder gesetzlichen Abtretungshindernisse ersichtlich. Die Abtretung der Forderung ist mithin gültig zustande gekommen.

Weiter gilt es zu beachten, dass bei der entgeltlichen Abtretung der Zedent gemäss OR 171 Abs. 1 nur für den Bestand der Forderung haftet. Vorliegend hat der Zedent aber ausdrücklich im Umfang von CHF 8'000.– auch das Risiko für die Bonität des Bootshändlers übernommen. Eine solche explizite Vereinbarung ist aufgrund der dispositiven Natur der gesetzlichen Regelung der Zession zulässig. Damit kann Romain die Forderung grundsätzlich zur Verrechnung bringen. Bezüglich der verrechnungsrechtlichen Aspekte siehe oben 10. Teil.